故事

강혜근의
고사성어 다시 읽기 2

成語

궁미디어

강혜근의 고사성어 다시 읽기 2

발행일 2015년 12월 31일 **발행인** 정상철 **저자** 강혜근
펴낸곳 궁미디어(충남대학교출판문화원) **주소** 대전광역시 유성구 대학로 99
전화 042-821-6045 **홈페이지** http://www.cnupress.co.kr **E-mail** cnupress@cnu.ac.kr

ISBN 978-89-7599-562-0 03710
정가 14,000원

강혜근의

고사성어 다시 읽기

2

머리말

대전일보에 '강혜근의 고사성어 다시 읽기'라는 제목으로 2011년 9월 23일부터 2013년 8월 15일까지 연재한 100회분의 원고를 모아 2013년 11월에 단행본을 출판했다. 그 후 계속 멈추지 않고 연재를 해서, 지난 2015년 8월 7일까지 또 다른 100회분을 완성하여 두 번째 단행본을 출판한다. 만 4년이 지나 5년째이다. 100회가 끝나고 계속할 수 있을까. 스스로 반신반의했는데, 또 다른 100개를 완성하고 지금도 계속 쓰고 있다. 300회를 목표로 하고 있다. 매주 학생들이 리포트를 제출하는 마음으로, 일주일 내내 뉴스를 보며 소재를 찾고 적당한 이야기가 있는 성어를 찾아 칼럼을 쓰는 것이 일상이 됐다.

첫 번째 책에 수록된 성어 100개의 출전을 따져보면, 사기(史記)가 11번, 한비자(韓非子)가 10번, 맹자(孟子)가 9번, 좌전(左傳)이 7번, 전국책(戰國策)이 5번, 한서(漢書)가 5번, 논어(論語)가 4번, 여씨춘추(呂氏春秋)가 4번, 장자(莊子)가 4번, 후한서(後漢書)가 4번 등으로 가장 많다.

두 번째 책에 수록된 성어 100개의 출전을 따져보면, 사기(史記)가 16번, 장자(莊子)가 9번, 전국책(戰國策)이 9번, 한비자(韓非子)가 6번, 맹자(孟子)가 5번, 좌전(左傳)이 4번, 한서(漢書)가 4번, 한유(韓愈)의 문장이 4편 등으로 가장 많았고, 총 37종의 옛서적에서 유래했다.

성어는 비록 네 개의 한자로 만들어져 있지만, 마치 압축파일과 같이 이를 풀어내면 역사적으로 유명한 수많은 고전(古典)을 손쉽게 접할 수 있다. 성어에는 옛 사람들의 지혜가 고스란히 살아 숨 쉬고 있으니, 중국의 역사와 옛 성현들의 사상을 이해할 수 있는 살아있는 보고(寶庫)라고 할 수 있다. 오늘날까지 우리에게 전해지고 있는 '성어'들은 이처럼 유구한 세월을 거치면서도 살아남은 '진리'와도 같은 말이며, '삶의 지혜'가 될 것이다.

이 책은 '대전일보'에 연재된 내용을 기반으로 하여, 지면이 한정되어 삭제되었던 원문을 좀 더 보충한 것이다. 또 '고사성어'는 찾기 편하도록 ㄱㄴㄷ순으로 배열하였고, 시사문제와의 연관성을 알려주기 위해 날짜를 기록하였다. 본문은 3개 부분으로 나누어져 있다. 첫째, '성어'의 본래 뜻과 출전에 대해서 설명하였다. 둘째, 발췌한 원문에 대하여 번역하였다. 셋째, 시사와 관련된 평어를 더했다.

그리고 지루한 원고를 끝까지 읽고 수정 제의를 해준 이근석 박사에게 감사드리며, 아울러 대전일보의 지면을 할애해준 남상현 사장님과 시작부터 '강혜근의 고사성어 다시 읽기'라는 제목과 아이디어를 주신 송신용 서울지사장님께 감사드리고, 끝으로 최신웅, 원세연 기자, 출판을 맡아주신 충남대학교출판문화원 민경택 원장님께 감사의 말씀을 전한다.

2015년 12월

목 차

강혜근의
고사성어 다시 읽기

2

가정맹호
苛政猛虎

'가혹한 정치는 사나운 호랑이와 같다'라는 뜻으로, '가혹한 정치보다 더 무서운 것이 없음'을 비유한다. '예기(禮記)'의 '단궁(檀弓)'하편에서 유래했다. 본래는 '가정맹어호(苛政猛於虎, 가혹한 정치는 호랑이보다 더 사납고 무섭다)'라고 하며, 중국에서는 '가정여호(苛政如虎, 가혹한 정치는 사나운 호랑이와 같다)'라고도 한다.

'공자'가 태산 기슭을 가는데 어떤 부녀자가 무덤 앞에서 매우 슬프게 울고 있었다(孔子過泰山側, 有婦人哭於墓者而哀). '공자'는 마차의 손잡이에 기대어 이 울음소리를 듣고는, '자공'을 시켜 물었다(夫子式而聽之, 使子貢問之曰). "그대의 울음소리를 들으니 아주 많은 슬픔이 있는 것 같습니다(子之哭也, 壹似重有憂者)." 이에 그 부녀자가 말했다. "그렇습니다(然). 옛날에 제 시아버님이 호랑이에게 죽었고 제 남편도 호랑이에게 죽었고, 지금 제 아들도 또 호랑이에게 죽었습니다(昔者吾舅死於虎, 吾夫又死焉, 今吾子又死焉)." '공자'가 물었다. "그런데 왜 여기를 떠나지 않습니까?(何爲不去也)" 그 부녀자가 대답했다. "여기는 가혹한 법이나 부역, 세금이 없기 때문입니다(無苛政)." '공자'가 말했다. "제자들아 잘 기억하라(小子識之). 가혹한 정치는 호랑이보다 더 잔혹하고 무섭다(苛政猛於虎也)."

지난달에 연말정산이 끝났다. 거의 한 달 치 월급을 세금으로 더 내야 한단다. 많이 벌면 많이 내야 한다. 하지만 '왜 나만' 이런 생각도 든다. 손쉬운 '유리지갑'만 털고 크고 작은 각종 탈세 행위와 혈세 낭비를 틀어막지 않는다면, 결국 '밑 빠진 독에 물 붓기'가 아니겠는가. 게다가 준조세와 같은 각종 성금모금도 줄지 않고 있고, 특히 그 사용처도 불분명하고 알 수도 없다. 세금을 걷는 것도 중요하지만, 규모 있게 잘 쓰는 것이 더 중요하지 않을까.

2014.02.07

가치연성
價值連城

'값어치가 여러 성(城)을 합할 정도로 귀중하다'라는 뜻으로, '물건이 매우 비싸고 가치가 있음'을 비유한다. '사기(史記)'의 '염파인상여열전(廉頗藺相如列傳)'에서 유래했다. 조(趙)나라의 '인상여(藺相如)'는 결국 진(秦)나라의 저의를 간파하고, '화씨벽(초楚나라의 '변화卞和'가 발견한 보옥寶玉)'을 무사히 가지고 돌아온다. 여기에서 '완벽귀조(完璧歸趙)'와 '완벽(完璧)'이라는 말이 생겼다.

조나라 '혜문(惠文)왕' 때 초나라의 '화씨벽(和氏璧)'을 얻었다. 진나라 '소왕(昭王)'은 이 소식을 듣고 인편으로 조나라 왕에게 편지를 보내, 성(城) 15개와 '화씨벽'과 바꾸고 싶다고 했다(秦昭王聞之, 使人遺趙王書, 願以十五城請易璧). 조나라 왕은 대장군 '염파' 등 여러 대신들과 상의했다(趙王與大將軍廉頗諸大臣謀). "이 보물을 진나라에게 주자니, 진나라의 성은 얻지 못하고 속기만 할 것 같고(欲予秦, 秦城恐不可得, 徒見欺), 진나라에 주지 않자니, 진나라 군대가 쳐들어올까 걱정된다(欲勿予, 卽患秦兵之來)." 어떻게 할지 정하지도 못하고, 진나라에 보낼 사신도 구하지 못했다(計未定, 求人可使報秦者, 未得). 이때 환관의 우두머리인 '무현(繆賢)'이 말했다. "제 식객인 '인상여'가 사신으로 갈만합니다(臣舍人藺相如可使).……저는 '인상여'가 용감하고 지혜가 있어 사신으로 마땅하다고 생각합니다(臣竊以爲其人勇士, 有智謀, 宜可使)." 그래서 조나라 왕은 '인상여'를 불러 물어보았다. "진나라 왕이 성 15개와 나의 '화씨벽'과 바꾸자고 하는데, 그에게 줘야 하는가?(秦王以十五城請易寡人之璧, 可予不)" '인상여'가 답했다. "진나라는 강하고 조나라는 약하므로, 허락하지 않을 수 없습니다(秦彊而趙弱, 不可不許)." 조나라 왕이 말했다. "진나라가 내 '화씨벽'을 가져가고, 나에게 진나라 성을 주지 않으면 어떻게 하지?(取吾璧, 不予我城, 柰何)" '인상여'가 말했다. "진나라가 성으로 '화씨벽'을 요구하는데 조나라가 허락하지 않는다면, 그 잘못은 조나라에 있는 것이고(秦以城求璧而趙不許, 曲在趙), 조나라가 '화씨벽'을 주었는데 진나라가 조나라에 성을 주지 않는다면, 그 잘못은 진나라에 있는 것입니다(趙予璧而秦不予趙城, 曲在秦). 이 두 계책을 비교해보면 아무래도 진나라에 '화씨벽'을 주고 진나라에 책임을 지도록 하는 것이 낫습니다(均之二策, 寧許以負秦曲)." 조나라 왕이 말했다. "누가 사신으로 갈만한가?(誰可使者)." '인상여'가 답했다. "왕께서 정말로 보낼 사람이 없다면 제가 '화씨벽'을 가지고 사신으로 가겠습니다(王必無人, 臣願奉璧往使). 진나라가 성을 조나라에 주면 '화씨벽'을 진나라에 주고, 성을 주지 않으면 '화씨벽'을 온전하게 조나라로 가지고 돌아오겠습니다(城入趙而璧留秦, 城不入, 臣請完璧歸趙)."

요즘 일당(日當)이 5억원이나 되는 사람이 있어 논란이다. 그는 49일만 일하면, 254억원이나 되는 벌금을 탕감할 수 있다. 이분의 일당은 일반인의 만배나 된다고 하니, 가히 '가치연성'이라 할 만하지 않은가.

2014.03.28

가화어인
嫁禍於人

'화를 남에게 전가하다'라는 뜻으로, '재난이나 어려움을 남에게 떠넘기고 자신은 책임을 지지 않음'을 비유한다. '사기(史記)'의 '조세가(趙世家)'에서 유래했다.

한(韓)나라 '상당(上黨)'의 태수 '풍정(馮亭)'이 보낸 사자가 와서 조(趙)나라 왕에게 말했다. "한나라는 '상당'을 지킬 수 없어서 진(秦)나라에 바치려고 하는데, 이곳의 관리와 백성들은 모두……진나라에 귀속되길 원치 않습니다. '상당'에는 성읍(城邑) 17개가 있는데 조나라에 귀속되기를 원하니, 왕께서 은혜를 베풀어주시기 바랍니다." 조나라 왕은 기뻐하며 '조표(趙豹)'를 불러 말했다. "'풍정'의 성읍 17개를 받으면 어떻겠소?(馮亭入城市邑十七, 受之何如)" '조표'가 답했다. "성인은 이유 없는 이득을 큰 재앙이라고 생각합니다(聖人甚禍無故之利)." 조나라 왕이 말했다. "사람들이 내 덕에 감화됐다는데, 어찌 이유가 없다고 하는가?(人懷吾德, 何謂無故乎)" '조표'가 답했다. "진나라는 한나라 땅을 잠식하여 '상당' 지역을 고립시켜 '상당'의 땅을 쉽게 얻을 것이라고 생각하고 있습니다(夫秦蠶食韓氏地, 中絶不令相通, 固自以爲坐而受上黨之地也). 한나라가 진나라에 귀속되지 않으려고 하는 것은 화를 조나라에 떠넘기려고 하기 때문입니다(韓氏所以不入於秦者, 欲嫁其禍於趙也). ……진나라와 싸워서는 안 되니 받지 마십시오(不可與爲難, 必勿受也)." 왕이 말했다. "……이것은 큰 이득입니다(此大利也).”……결국 조나라는 군대를 보내 ‘상당’을 점령했다(趙遂發兵取上黨). ……진나라가 ‘조괄(趙括)’을 포위하자 ‘조괄’은 투항했고, 조나라 군사 40여만 명은 생매장 당했다(秦人圍趙括, 趙括以軍降, 卒四十餘萬皆阬之). 조나라 왕은 ‘조표’의 말을 듣지 않는 것을 후회했다(王悔不聽趙豹之計).

세금은 엉뚱한 데 쓰고, 매번 헛발질만 하면서도 책임은 다른 사람에게 떠넘긴다. 그들의 안중에는 국민은 없고 자신들의 이익만 따진다. 국고가 비면 아주 쉽게 처리한다. 유리지갑을 털고, 만만한 사람을 골라 마녀로 몰아붙인다. 남들 잘 나갈 때 적은 월급으로 인고하던 하위직공무원마저 천하의 도둑으로 본다. 고위공직자와 정치인, 재벌, 장성들의 비리와 불법은 모른 척하고, 힘없는 국민만 터는 요즘. 누굴 원망해야 하나.

2015.04.03

강괄불사
强聒不舍

'억지로 떠들며 멈추지 않다'라는 뜻으로, '다른 사람들은 듣고 싶지 않은데 계속해서 떠듦'을 비유한다. '장자(莊子)'의 '천하(天下)'편에서 유래했다.

세속적인 일로 얽매이지 않고, 바깥 사물에 의해 꾸며지지 않고, 남에게 지나치게 요구하지 않고, 많은 사람들과 반목하지 않고, 천하가 안녕하여 백성들이 잘 살 수 있고, 나와 모든 사람들의 의식이 풍족하기를 바란다(夫不累於俗, 不飾於物, 不苟於人, 不忮於衆, 願天下之安寧以活民命, 人我之養畢足而止). 이러한 생각으로 소원을 밝히니, 옛 도가 이곳에도 있다(以此白心, 古之道術有在於是者). '송견(宋鈃)'과 '윤문(尹文)'은 이러한 학설을 듣고서 좋아하였다(聞其風而悅之). ……모욕을 당해도 치욕이라 생각하지 않고 백성들 사이의 다툼을 막으려 했고, 공격을 금하고 무기를 거두어 세상의 전쟁을 막으려 했다(見侮不辱, 救民之鬥, 禁攻寢兵, 救世之戰). 이런 주장을 가지고 온 천하를 돌아다니며 위로는 유세하고 아래로는 가르쳤다(以此周行天下, 上說下教). 하지만 비록 천하 사람들이 이런 주장을 받아들이지 않을지라도, 그들은 포기하지 않고 무리하게 계속해서 떠들어댔다(雖天下不取, 强聒而不舍者也). 그래서 "위아래 사람들이 모두 싫어하는데도, 그들은 한사코 자기주장을 내세웠다(上下見厭而强見也)."라고 한다.

요즘 최악의 가뭄으로 전국 농토가 타들어가고 있는데도, 4대강 사업으로 설치된 보(洑)에 가득찬 물을 효과적으로 사용하지 못하고 있다고 한다. 이 물을 쓰려면 관개수로를 설치해야 하며 최소 수천억원을 더 써야 한다니 애통할 노릇이다. 그래서 수자원공사와 농어촌공사는 대형 물차를 이용해 지난 15일부터 농경지에 물을 공급했고, 가뭄이 해소될 때까지 계속 지원할 예정이란다. 언제까지 이렇게 아전인수(我田引水)만 할 건지. 가뭄에 총력을 다 하겠다는 '말'만 하면 되는 걸까.

2015.06.26

공휴일궤
功虧一簣

‘성공에서 한 삼태기만큼 부족하다’라는 뜻으로, ‘거의 이루어진 일을 중지하여 오랜 노력이 아무 보람도 없게 됨’을 비유한다. ‘상서(尙書)’의 ‘여오(旅獒)’편에서 유래했다.

군자를 업신여기면 그들의 진심을 얻을 수 없고(狎侮君子, 罔以盡人心), 소인을 업신여기면 전력을 다하지 않습니다(狎侮小人, 罔以盡其力). 귀와 눈의 즐거움에 빠지지 않으면 모든 일이 바르게 됩니다(不役耳目, 百度惟貞). 사람을 가지고 놀면 덕을 잃고, 물건을 가지고 놀면 뜻을 잃습니다(玩人喪德, 玩物喪志). 자신의 뜻은 도로써 편안해지고, 다른 사람의 말은 도로써 대해야 합니다(志以道寧, 言以道接). 무익한 일을 하지 않고 유익한 일을 해치지 않으면, 공은 이루어집니다(不作無益害有益, 功乃成). 기이한 물건들을 귀히 여기지 아니하고 일용하는 물건들을 천히 여기지 않으면 백성들은 부족함이 없게 됩니다(不貴異物賤用物, 民乃足). 개나 말이 풍토에 맞지 않으면 기르지 마시고, 진귀한 새나 기이한 짐승도 나라에서 기르지 마십시오(犬馬非其土性不畜, 珍禽奇獸不育于國). 먼 곳 다른 나라의 물건을 귀하게 여기지 않으면 먼 곳 다른 나라의 사람들이 오게 될 것이며(不寶遠物, 則遠人格), 어진 사람을 귀중히 여기면 가까운 사람들이 편안하게 될 것입니다(所寶惟賢, 則邇人安). 아아. 새벽부터 밤까지 잠깐이라도 부지런하지 않을 때가 없도록 하십시오(夙夜罔或不勤).

사소한 행동에 신중하지 않으면 끝내는 큰 덕에 누를 끼치게 될 것입니다(不矜細行, 終累大德). 아홉 길 높은 산을 만드는데 흙 한 삼태기가 없어 끝내 완공하지 못 할 수도 있습니다(爲山九仞, 功虧一簣).

최근 공무원연금 개혁안에 여야가 합의했다고 하더니, '국민연금'까지 연계하여 처리하려다가 결국 4월 국회에서 무산됐다. 현재 거의 사회 전반에 걸쳐 계속해서 개혁을 하고 있다. 그런데 여전히 우리 사회의 일부특권층은 개혁의 화살을 남에게로 돌릴 뿐, 스스로 개혁할 생각은 전혀 없는 듯하다. 마지막 삼태기 하나가 마무리돼야 진정한 개혁이라고 할 수 있지 않을까.

2015.05.08

과공비례
過恭非禮

'지나친 공손은 예의가 아니다'라는 뜻으로, '겸손함이 미덕이기는 하지만, 도가 지나치면 오히려 상대방에게 무례를 저지르는 것임'을 비유한다. 중국에는 없는 성어이다. '맹자(孟子)'의 '이루하(離婁下)' 편 28장에 나오는 '예(禮)'에 관한 이야기를 소개한다.

군자가 보통사람들과 다른 까닭은 가지고 있는 마음 때문이다(君子所以異於人者, 以其存心也). 군자는 인(仁)과 예(禮)를 마음에 간직하고 있다(君子以仁存心, 以禮存心). 어진 사람은 사람을 아끼고, 예의가 있는 사람은 사람을 공경한다(仁者愛人, 有禮者敬人). 사람을 아끼는 사람은 다른 사람도 늘 그를 아낀다(愛人者, 人恒愛之). 사람을 공경하는 사람은 다른 사람도 늘 그를 공경한다(敬人者, 人恒敬之). 어떤 사람이 거칠고 난폭하게 나를 대하면, 군자는 반드시 자신에 대해 반성한다(有人於此, 其待我以橫逆, 則君子必自反也). "내가 틀림없이 그에게 모질게 했거나, 무례했나 보다(我必不仁也, 必無禮也). 어찌 그런 태도로 나를 대할까(此物奚宜至哉)." 반성하여 어질고 예의 바르게 행동하는데도(其自反而仁矣, 自反而有禮矣), 그가 여전히 거칠고 난폭하게 나를 대하면, 군자는 반드시 자신에 대해 반성한다(其橫逆由是也, 君子必自反也). "내가 틀림없이 정성이 부족했구나(我必不忠)." 반성하여 정성을 다하여도 여전히 거칠고 난폭하다면(自反而忠矣, 其橫逆由是也), 군자는 "이 사람은 사리분

별도 못하는 사람이다(此亦妄人也已矣). ……"라고 한다.

며칠 전 피습당한 주한 미국대사가 완쾌하기를 바라는 마음은 누구나 마찬가지일 것이다. 그러나 주한미국대사관 앞에서 쾌유를 기원하는 부채춤, 발레, 난타공연까지 곁들인 퍼포먼스를 하고, 잇단 병문안에 미국대사가 피곤해서 면회를 거부할 정도라고 한다. 누굴 위한 것인지. 좀 지나친 것 아닌가. 군자라면 어떻게 했을까.

2015.03.13

과하지욕
袴下之辱

'가랑이 밑의 굴욕'이라는 뜻으로, '어려운 처지에서 참아 냈던 굴욕'을 비유한다. '사기(史記)'의 '회음후(淮陰侯)열전'에서 유래했다. 또 '袴'를 '胯(과)'라고 쓰기도 한다.

'회음후' '한신(韓信)'은 평민일 때 가난하고 덕이 높지 않아, 작은 관리조차 될 수 없었다(始爲布衣時, 貧無行, 不得推擇爲吏). 또한 그는 장사도 할 수 없었고 늘 다른 집에 빌붙어 살아, 많은 사람이 그를 싫어했다(又不能治生商賈, 常從人寄食飮, 人多厭之者). 한번은 그가 '하향(下鄕)'의 '남창정(南昌亭)' 정장(亭長, 작은 관리)의 집에 가서 빌붙어 살았는데 몇 개월이 지나자, 정장의 아내가 그를 미워하여 새벽에 밥을 해서 몰래 침실에서 먹어버렸다(亭長妻患之, 乃晨炊蓐食). 밥 때가 되어 '한신'이 왔는데도 음식을 차려주지 않자, '한신'도 그의 뜻을 알아채고 화를 내며 절교하고 떠났다(食時信往, 不爲具食, 信亦知其意, 怒, 竟絶去). …… '회음'지역의 한 젊은 백정이 '한신'을 모욕하여 말했다. "당신은 덩치가 크고 칼을 차고 다니지만 겁쟁이일 뿐이다(若雖長大, 好帶刀劍, 中情怯耳)." 여러 사람 앞에서 모욕하여 말했다. "죽고 싶으면 나를 찌르고, 살고 싶으면 내 가랑이 밑으로 기어가라(信能死, 刺我, 不能死, 出我袴下)." 그러자 '한신'은 그를 훑어보고는 그의 가랑이 밑으로 기어갔다(於是信孰視之, 俛出袴下, 蒲伏). 저자거리 사람들은 모두 '한신'을 비웃고 겁쟁이라고 생각했다(一市人皆笑信, 以爲怯). …… ('한신'이 초나라 제후가 된 후에) '남창정'의 정장을 불러 상금을 좀 주고 말했다. "그대는 소인이라, 덕을 베풀다 말았습니다(公, 小人也, 爲德不卒)." 또 그는 자신을 욕보인 젊은이를 불러 '중위'로 삼고(召辱己之少年令出胯下者以爲楚中尉), 여러 장수들에게 말했다. "이 사람은 용감한 사람이오(此壯士也). 나를 욕보일 적에 내가 어찌 그를 죽일 힘이 없었겠소?(方辱我時, 我寧不能殺之邪) 그를 죽이는 것은 아무런 의미도 없었기 때문에, 치욕을 참았고 오늘날 이 자리에 올랐소(殺之無名, 故忍而就於此)."

올해도 수많은 사람들이 사고로 죽었고, 또 스스로 목숨을 끊기도 했다. 비록 참기 힘든 치욕이나 슬픔이더라도, 가족이나 주위 사람들을 위해, 미래를 위해 좀 더 참고 견뎌내길 기원한다. 하늘이여! 우리에게 억울함이 없게 해주시고, 고통을 버틸 수 있는 강인함을 주소서.

2014.12.19

괄목상대
刮目相對

'눈을 비비고 상대방을 대하다'라는 뜻으로, '남의 학식이나 재주가 놀랄 만큼 부쩍 늚'을 비유한다. 중국에서는 '괄목상간(刮目相看)'이라고도 하는데, 본래는 '刮目相待(괄목상대)'이다. '삼국지(三國志)'의 '여몽(呂蒙)'전에서 유래했다.

'손권(孫權)'이 '여몽(呂蒙)'과 '장흠(蔣欽)'에게 말했다. "그대들은 모두 중요한 일을 맡고 정사를 돌보고 있으니, 마땅히 학문을 하여 스스로 계발하여야 한다(卿今並當塗掌事, 宜學問以自開益)." '여몽'이 말했다. "군영에서는 고되고 일이 많아 책을 읽을 수 없습니다(在軍中常苦多務, 恐不容復讀書)." '손권'이 말했다. "내가 어찌 그대들에게 경서를 공부하여 박사가 되라고 하겠는가(孤豈欲卿治經爲博士邪). 단지 그대들에게 지난 일을 좀 섭렵하라는 것일 뿐이네. 그대들은 일이 많다고 하는데, 누가 나처럼 일이 많겠는가. ……동한(東漢)의 '광무제'는 전쟁 중에도 손에서 책을 놓지 않았네(光武當兵馬之務, 手不釋卷). '조조'도 역시 늙었어도 공부하길 좋아한다고 했다(孟德亦自謂老而好學). 그대들은 어찌 스스로 힘써 공부하지 않는가(卿何獨不自勉勗邪)." '여몽'은 비로소 열심히 공부하기 시작하여, 그가 본 책이 나이 든 선비보다도 많게 되었다(蒙始就學, 篤志不倦, 其所覽見, 舊儒不勝). 후에 '노숙(魯肅)'이 '주유(周瑜)'의 일을 대신하게 되어, 가는 길에 '여몽'을 만나 정사에 대하여 말하는데 '노숙'은 '여몽'의 말에 자주 놀랐다(過蒙言議, 常欲受屈). '노숙'이 '여몽'의 등을 두드리며 말했다. "난 동생이 전술에만 뛰어날 줄 알았는데(吾謂大弟但有武略耳), 이제 보니 학식도 매우 뛰어나게 되었으니 옛날 '여몽'이 아니구려(至於今者, 學識英博, 非復吳下阿蒙)." '여몽'이 말했다. "선비는 3일 뒤에 다시 만나게 되더라도, 눈을 비비고 상대를 새롭게 대해야 합니다(士別三日, 卽更刮目相待)."

이번 시즌 한화의 야구를 보면 그야말로 '괄목상대'라 할 수 있다. 많은 감독이 왔지만 별 변화가 없이 내리 죽 꼴찌만 하더니, 요즘은 많은 점수 차로 지고 있는 경기라도 이길 수도 있겠다는 생각이 들게 한다. 최근 미국과 일본이 손을 잡는 것을 마냥 바라볼 수밖에 없고, 정치계는 여야 막론하고 뇌물로 얼룩지고, 희망이 보이지 않는 참담한 요즘 한줄기 빛이라고 할까.

2015.05.01

교언여황
巧言如簧

'교묘하게 꾸며대는 거짓말이 생황(악기)처럼 듣기 좋다'는 뜻으로, 본래는 '귀가 솔깃하도록 말을 교묘하게 잘 꾸며댐'을 비유한다. '시경(詩經)'의 '소아(小雅)'편 '교언(巧言)'에서 유래했다.

[1장]높고 높은 저 하늘, 부모와 같다고 하네(悠悠昊天, 曰父母且). 아무 죄도 없는데, 재앙이 이리도 크단 말인가(無罪無辜, 亂如此憮). 저 하늘이 위세를 내세워도, 나는 진실로 죄가 없다네(昊天已威, 予愼無罪). 저 하늘이 업신여겨도, 나는 진실로 죄가 없다네(昊天泰憮, 予愼無辜).

[2장]재앙이 처음 생긴 것은 참언을 받아들였기 때문이고(亂之初生, 僭始既涵). 재앙이 또 생긴 것은 군자가 참언을 믿었기 때문이네(亂之又生, 君子信讒). 군자가 참언을 듣고 화를 냈다면, 재앙은 아마도 일어나지 않았을 것이고(君子如怒, 亂庶遄沮). 군자가 직언을 듣고 기뻐했다면, 재앙은 아마도 일어나지 않을을 텐데(君子如祉, 亂庶遄已).

[3장]군자가 맹세를 자주 하시니, 재앙은 늘어나고(君子屢盟, 亂是用長). 군자가 도둑을 믿으니, 재앙이 더 사나워지네(君子信盜, 亂是用暴). 도둑의 말은 더욱 달콤해지니, 재앙이 더욱 심해지네(盜言孔甘, 亂是用餤). 소인은 자신의 직분을 다하지 못하니, 왕에게 병만 되네(匪其止共, 維王之邛). ……

[5장] ……. 오가는 뜬소문들이 있지만, 나름대로 심산이 있겠지(往來行

言, 心焉數之). 허풍 치는 소리는 입에서 나오고(蛇蛇碩言, 出自口矣). 교묘하게 꾸며대는 거짓말은 생황(笙簧)처럼 듣기 좋으나, 얼굴 두꺼워 부끄럼도 없다네(巧言如簧, 顔之厚矣). ……

정치인들은 정말 말을 잘한다. 국민이 원하는 달콤한 말을 곧잘 한다. 우리는 매번 속으면서도 선거 때에는 그 감언이설을 믿고, 또 믿고 싶다. 그런데 최근 전 국회의장까지 하신 분이 구설(口舌)에 올랐다. 그는 "귀엽단 표시만 했다"고 하지만, 피해자의 말은 전혀 다르다. 자기 당(黨)이나 자신의 의사를 늘 '국민의 뜻'이라고 말하는 그들의 말을 믿을 수 있을까.

2014.09.19

교왕과직
矯枉過直

'구부러진 것을 바로 잡으려다가 한도를 넘어서다'는 뜻으로, '잘못된 것을 고치려다 오히려 지나쳐 더욱 잘못됨'을 비유한다. '후한서(後漢書)'의 '중장통열전(仲長統列傳)'에서 유래했다. 본래는 '교왕과정(矯枉過正)'이라고 한다. 또 우리나라에서는 '교각살우(矯角殺牛, 소의 뿔을 바로잡으려다가 소를 죽인다)'라고도 한다.

'난세'는 길고 '치세'는 짧다(夫亂世長而化世短). '난세'일 때는 '소인'의 지위가 높고 총애를 받으며, '군자'는 오히려 지위가 낮고 괴로움을 겪는다(亂世則小人貴寵, 君子困賤). '군자'가 천대받을 때에는 하늘이 아무리 높아도 허리를 굽히게 되고, 땅이 아무리 두텁다고 해도 조심조심 걷게 되며, 게다가 혹시 처형당하는 것 아닐까 걱정도 한다(當君子困賤之時, 跼高天, 蹐厚地, 猶恐有鎭厭之禍也). '치세' 때가 되면, 잘못된 것을 고치려다 오히려 지나쳐 더욱 잘못되는 지경에 다시 빠지게 된다(逮至淸世, 則復入於矯枉過正之檢). 나이든 사람들은 정신이 혼미하여 관대하지 못하고(老者耄矣, 不能及寬饒之俗), 젊은이들은 혈기왕성하여 어지러운 시류에 다시 빠지게 된다(少者方壯, 將復困於衰亂之時). 이 때문에 간사한 사람이 무궁한 행복과 이득을 독점하게 되고, 훌륭한 사람은 용서받을 수 없는 죄를 뒤집어쓰게 된다(是使姦人擅無窮之福利, 而善士挂不赦之罪辜).

일 년 내내 대치정국인가. 이번에는 '세월호' 처리문제 때문이다. 물론 가슴이 메어지고 분통이 터질 일이지만…… 과연 이 일을 다잡기 위해, 국회의 의무와 본분을 쉽게 팽개칠 수 있는 것인지. 국회의원과 여야정치인들은 매번 싸움거리만 찾고 있는 듯하다. 그들은 자신의 월급과 연금인상 등 자신의 이익과 관련된 사안에 대해서는 일사불란하게 상부상조하고, 그 나머지 일에 대해서는 사사건건 트집만 잡는 것 같다. 파트너십도 실종됐고, 윈윈전략도 타협도 전혀 없이 평행선만 달리는 것 같아 답답할 따름이다.

2014.08.29

교주고슬
膠柱鼓瑟

'아교풀로 기러기발을 붙여 놓고 거문고를 연주하다'라는 뜻으로, '고지식하여 조금도 융통성이 없음'을 비유한다. '사기(史記)'의 '염파(廉頗)인상여(藺相如)열전'에서 유래했다.

조(趙)나라 '효성(孝成)'왕 7년에 진(秦)나라는 조나라 군대와 '장평(長平)'에서 대치하고 있었다(七年, 秦與趙兵相距長平). 당시 '조사(趙奢)' 장군은 이미 죽었고 '인상여(藺相如)'도 중병에 걸려, 조나라는 '염파(廉頗)'에게 진나라를 공격하게 하였다. 진나라가 조나라 군대와 수차례 싸워 이기자, 조나라 군대는 요새를 견고히 하고 싸우지 않았다(秦數敗趙軍, 趙軍固壁不戰). 진나라가 재차 도발했지만 '염파'는 싸우려 하지 않았다(秦數挑戰, 廉頗不肯). 조나라 왕은 "진나라는 오로지 '조사'의 아들 '조괄(趙括)'이 장군 되는 것을 두려워한다(秦之所惡, 獨畏馬服君趙奢之子趙括爲將耳)"는 진나라 간첩의 말을 믿었다. 조나라 왕은 이 때문에 '염파' 대신에 '조괄'을 장군을 삼으려 했다(趙王因以括爲將, 代廉頗). '인상여'가 말했다. "왕께서 명성만으로 '조괄'에게 장군으로 명하는 것은 아교풀로 기러기발을 붙여 놓고 거문고를 연주하는 것처럼 틀에 박혀 융통성이 전혀 없는 것입니다(王以名使括, 若膠柱而鼓瑟耳). '조괄'은 그의 아버지가 남긴 병법서만 읽을 수 있을 뿐 융통성이 있게 임기응변할 줄 모릅니다(括徒能讀其父書傳, 不知合變也)." 그러나 조나라 왕은 이 말을 듣지 않고 그를 장군으로 명했다趙王不聽, 遂將之). ……진나라 장군 '백기(白起)'가 조나라의 보급로를 끊고 조나라 군대를 둘로 분산시키자 조나라 군사는 분열되었다(而絶其糧道, 分斷其軍爲二, 士卒離心). 40여일이 지난 후 군사들은 굶주리게 되어 '조괄'은 정예부대를 이끌고 나가 싸우다가 진나라 군사에 의해 피살됐다(四十餘日, 軍餓, 趙括出銳卒自博戰, 秦軍射殺趙括). '조괄'의 군대는 패하고 수십만이 진나라에 투항하였으나 진나라는 그들을 모두 생매장해 버렸다(括軍敗, 數十萬之衆遂降秦, 秦悉阬之).

요즘 우리나라를 대표하는 항공사의 부사장님이 '견과류' 서비스가 '매뉴얼'과 다르다고, 이륙을 위해 활주로로 나가던 비행기를 되돌려 책임자인 사무장을 내리도록 했다고 한다. 이런 무모한 행동은 단지 융통성이 없기 때문이라고만 말할 수 있나. 이런 재벌 3세의 행동이 북한의 모습과 오버랩 되는 이유는 뭘까.

2014.12.12

교토삼굴
狡兎三窟

'교활한 토끼는 세 개의 굴을 가지고 있다'라는 뜻으로, '재난을 피할 장소나 방도를 충분히 마련해놓아, 재난에 충분한 대비가 되어 있음'을 비유한다. '교토삼혈(狡兎三穴)'이라고도 한다. '전국책(戰國策)'의 '제책(齊策)'에서 유래했다. '맹상군(孟嘗君)'은 전국시대 말기의 재상으로 인재를 잘 키운 것으로 유명하다. 그의 식객 중에 '풍훤(馮諼)'이라는 사람이 있었는데, 모두가 무능하다고 하였으나 '맹상군'만은 그를 후하게 대접하였다. '맹상군'은 '설(薛)'땅에 가서 꿔준 돈을 받아올 지원자를 찾았는데, 뜻밖에도 '풍훤'이 자원하였다.

> '풍훤'이 작별인사를 하며 '맹상군'에게 말했다. "빚을 다 받으면, 무엇을 사가지고 올까요?(責畢收, 以何市而反)" '맹상군'이 말했다. "우리 집에 부족한 것을 보고 사오세요(視吾家所寡有者)." '풍훤'은 '설'땅으로 가서 관리들에게 빚을 갚아야 될 백성을 모두 불러 모은 다음에(驅而之薛, 使吏召諸民當償者), …… , 그들의 채권을 모두 불태우니 백성들이 모두 만세를 불렀다(因燒其券, 民稱萬歲). '풍훤'은 '설' 땅에서 제나라로 한 걸음에 달려와 새벽에 뵙기를 청했다(長驅到齊, 晨而求見). …… '맹상군'이 물었다. "빚은 다 받았는가?(責畢收乎) ……" '풍훤'이 답했다. "다 받았습니다(收畢矣)." '맹상군'이 물었다. "무엇을 사가지고 왔는가?(以何市而反)" '풍훤'이 말했다. "……군주의 집에 부족한 것이 '의(義)'밖에 없다고

생각하여(君家所寡有者以義耳), 저는 '의(義)'를 사왔습니다(竊以爲君市義)." '맹상군'이 말했다. "어떻게 '의(義)'를 샀는가?(市義柰何)" '풍훤'이 답했다. "……저는 군주의 명령을 빙자하여 빚을 백성들에게 하사하고 채권을 모두 불에 태우니 백성들이 모두 만세를 불렀습니다(臣竊矯君命, 以責賜諸民, 因燒其券, 民稱萬歲). 이것이 바로 제가 군주를 위해 '의(義)'를 산 것입니다(乃臣所以爲君市義也)." …… 1년 후 제나라 왕은 '맹상군'에게 말했다(後期年, 齊王謂孟嘗君曰). "과인은 선왕의 신하를 감히 신하로 모시지 못하겠습니다(寡人不敢以先王之臣爲臣)." 그래서 '맹상군'은 봉지인 '설' 땅으로 가는데, '설'땅에서 100리나 떨어진 곳까지 백성들이 모두 나와 길에서 '맹상군'을 환영하였다(孟嘗君就國於薛, 未至百里, 民扶老攜幼, 迎君道中). '맹상군'이 '풍훤'을 돌아보며 말했다(孟嘗君顧謂馮諼). "선생이 저를 위해 샀다고 하는 '의(義)'를 오늘 보게 되는군요(先生所爲文市義者, 乃今日見之)." '풍훤'이 말했다. "교활한 토끼는 굴을 세 개 가지고 있다고 하는데도 겨우 죽음을 면할 뿐입니다(狡兔有三窟, 僅得免其死耳). 군주께서는 굴이 하나밖에 없으니 아직 편히 주무실 수 없습니다(今君有一窟, 未得高枕而臥也). 제가 군주를 위해 굴 두 개를 더 만들기를 청합니다(請爲君復鑿二窟)."

최근 카드정보가 2차 유출된 사실이 확인됨에 따라 국민들의 불안이 커지고 있다. 금융당국은 사고 때마다 면피성 대책만 내놓고 있는데, 지금이 바로 '교토삼굴'의 지혜가 필요한 때가 아닐까.

2014.03.21

구맹주산
狗猛酒酸

'개가 사나우면 술이 시어진다'는 뜻으로, '간신이 정권을 장악하면 어질고 재능이 있는 신하가 오지 않음' 또는 '환경이 험악하면 앞으로 더 나아갈 수 없음'을 비유한다. '안자춘추(晏子春秋)'의 '문상(問上)' 편에서 유래했다. '구악주산(狗惡酒酸)'이라고도 한다.

술을 파는 사람이 있었는데 술그릇도 매우 깨끗하고 현수막도 높이 걸어 놓았지만, 술이 시어지도록 팔리지 않았습니다(人有酤酒者, 爲器甚潔清, 置表甚長, 而酒酸不售). 그 이유를 마을사람에게 물어보았습니다(問之里人其故). 마을사람이 답했습니다(里人云). "당신의 개가 너무 사나워서 손님이 술그릇을 들고 술을 사러 들어오면, 개가 바로 손님에게 달려들어 물어버립니다(公狗之猛, 人挈器而入, 且酤公酒, 狗迎而噬之). 이것이 바로 술이 시어지도록 팔리지 않는 이유입니다(此酒所以酸而不售也)." 국가에도 이러한 사나운 개가 있으니 바로 정권을 장악한 신하입니다(夫國亦有猛狗, 用事者是也). 덕과 학식이 있는 선비가 천자를 찾아뵈려 해도 정권을 장악한 신하들이 먼저 이들에게 달려들어 물어뜯습니다(有道術之士, 欲干萬乘之主, 而用事者迎而齕之). 이들 또한 국가의 사나운 개입니다(此亦國之猛狗也). 천자의 주변에 있는 신하들은 '사서(社鼠, 사람이 함부로 손댈 수 없는 사직단에 숨어 사는 쥐라는 뜻으로, 어떤 기관이나 세력가에 의지하여 간사한 일을 하는 사람을 이르는 말)'와 같고, 정권을 장악한 사람들은 사나운 개와 같으니(左右爲社鼠, 用事者爲猛狗), 어찌 천자의 눈과 귀가 가로막히지 않고, 국가가 근심이 없을 수 있겠습니까?(主安得無壅, 國安得無患乎)

늘 사나운 개처럼 서로 으르렁거리며 싸우고 대치하니, 성과나 결말이 별로 없다. 그러다가도 누군가가 그들을 잡으려고 달려들면 '사직단(社稷壇, 토지신과 곡식 신에게 제사하던 제단)'에 숨어사는 쥐처럼 '국회' 속으로 숨어들어 서로를 비호한다. 언제까지 이렇게 '사서(社鼠)'나 '맹구(猛狗)' 노릇만 할 것인지. 결국 그 피해는 누구의 몫인가.

2014.09.05

구사일생
九死一生

'아홉 번 죽고, 한 번 산다'는 뜻으로, '여러 차례 죽을 고비를 넘기고 겨우 살아남'을 비유한다. 당(唐)나라의 '유량(劉良)'이 '굴원(屈原)'의 '이소(離騷)'라는 사부(辭賦) 중에서 "역여심지소선혜, 수구사기유미회(亦余心之所善兮, 雖九死其猶未悔)"라는 구절에 대하여 "이 구절은 '충성과 신의, 바르고 깨끗함은 내가 좋아하는 바이므로, 이로 인해 위해(危害)를 당하여 아홉 번 죽고 단 한 번도 살 수 없더라도 후회하지 않는다'는 것을 말하고 있다(言忠信貞潔, 我心所善, 以此遇害, 雖九死無一生, 未足悔恨)"라고 주(注)를 달았는데, 여기에서 유래했다. '이소'의 내용 일부를 소개한다.

> …… 백성의 고단한 삶이 애처롭네(哀民生之多艱). …… 난 아침에 직언하고 저녁에 바로 쫓겨났네(謇朝誶而夕替). …… 이 또한 내가 원해서 하는 일이니(亦余心之所善兮), 이 때문에 내가 아홉 번 죽더라도 후회하지 않으리(雖九死其猶未悔). 임금께서 분별없으니 원망스러운데(怨靈脩之浩蕩兮), 끝내 민심도 헤아리지 못하네(終不察夫民心). …… 곧은 먹줄은 버리고 굽은 쪽을 따라가며(背繩墨以追曲兮), 앞 다퉈 비위 맞추고 이를 정도(正道)라고 생각하네(競周容以爲度). …… 난 죽거나 쫓겨날지언정, 차마 이렇게는 하지 못하겠네(寧溘死以流亡兮, 余不忍爲此態也). …… 네모와 동그라미가 어떻게 서로 어울릴 수 있으며(何方圜之能周

兮), 길이 다른데 서로 편할 사람이 어디 있겠는가?(夫孰異道而相安)
…… 청렴한 마음으로 정도를 위해 죽으리(伏淸白以死直兮) ……

최근 서아프리카에서 에볼라가 창궐해서 WHO에 따르면 11일 기준 1,975명이 에볼라 바이러스에 감염됐으며 이 가운데 1,069명이 사망했다고 한다. 감염자의 과반수이상이 사망했다. 세계는 지금 가자지구 등 곳곳에서 전쟁으로 무고한 사람들이 죽고, 우리나라에서는 군대와 학교, 사회 등에서 각종 사고와 집단따돌림으로 많은 사람들이 멍들고 죽어가니, 참으로 안타깝고 세상 살기 어려운 것 같다. '구사일생'도 쉽지 않은 요즘이다.

2014.08.15

귤화위지
橘化爲枳

'귤이 탱자로 변했다'는 뜻으로 '사람이나 사물이 환경과 조건에 따라 나쁘게 변한 것'을 비유한다. '안자춘추(晏子春秋)'의 '잡편(雜篇)'에서 유래했다.

'안자(晏子)'가 초나라에 사신으로 온다는 소식을 듣고, 초(楚)나라 왕이 주변에 있는 신하에게 물었다. "안앵(晏嬰)은 제(齊)나라에서 언변이 뛰어난 사람인데, 곧 우리나라로 온다고 합니다(晏嬰, 齊之習辭者也). 내가 그에게 모욕을 주려고 하는데, 어떤 방법이 좋을까요?(今方來, 吾欲辱之, 何以也)" 신하들이 답했다. "그가 오면 제가 한 사람을 포박하여 왕 앞을 지나가겠습니다(爲其來也, 臣請縛一人, 過王而行). 그러면 왕께서는 '그는 누구인가(何爲者也)'라고 물으십시오. 그럼 제가 '제나라 사람입니다'라고 답하겠습니다. 그럼 왕께서는 또 '무슨 죄를 지었는가(何坐)'라고 물으십시오. 그럼 제가 '절도죄를 지었습니다(坐盜)'라고 말하겠습니다." '안자'가 도착하자 초나라 왕은 '안자'에게 술을 하사하였다(晏子至, 楚王賜晏子酒). 술자리가 무르익자 관리 두 명이 한 사람을 포박하여 왕 앞으로 다가왔다(酒酣, 吏二縛一人詣王). 왕이 물었다. "포박된 이 자는 누구인가?(縛者曷爲者也)" 관리가 답했다. "제나라 사람인데 절도죄를 지었습니다(齊人也, 坐盜)." 왕이 '안자'를 보며 말했다. "제나라 사람은 정말 도둑질을 잘하는군요(齊人固善盜乎)." '안자'가 자리에서 일어나 대답하였다. "저는 이런 말을 들었습니다. '귤이 회하 남쪽에서 자라면 귤이 되지만 회하 북쪽에서 나면 탱자가 되며, 잎만 비슷할 뿐 열매는 맛이 다르다(橘生淮南則爲橘, 生于淮北則爲枳, 葉徒相似, 其實味不同).' 그 이유가 뭘까요? 바로 물과 토양이 다르기 때문입니다(水土異也). 지금 백성이 제나라에서 태어나면 도둑질을 하지 않는데, 초나라로 오면 도둑질을 합니다(今民生長于齊不盜, 入楚則盜). 혹시 초나라의 물과 토양이 백성들을 도둑질 잘하게 만든 것은 아닌지요(得無楚之水土使民善盜耶)."

요즘 16여 년 동안 해결하지 못했던 전 대통령의 미납 추징금을 대부분 환수할 수 있다고 한다. 실로 대단한 일이다. 요즘 우리나라 기후가 아열대로 변하다보니, 탱자도 귤로 바뀌는 게 아닐까.

2013.08.23

금의환향
錦衣還鄕

'비단옷을 입고 고향에 돌아오다'라는 뜻으로, '출세를 하여 고향에 돌아가거나 돌아옴'을 비유한다. 이 말은 본래 아이러니하게도 '의수야행(衣繡夜行)'이라는 말에서 유래했는데, '사기(史記)'의 '항우본기(項羽本紀)'에 보인다. '의수야행'이라는 말은 현재 '금의야행(錦衣夜行)'이라고 말하며, '비단옷을 입고 밤에 걷다'라는 뜻으로 '생색이 나지 않음'을 비유한다.

('항우'가 '유방劉邦'을 제거하려다가 실패하고), 며칠이 지난 후에 '항우'는 병사를 이끌고 서쪽으로 진격하여 '함양'성을 함락시키고 사람들을 학살했다(居數日, 項羽引兵西屠咸陽). 그리고 그는 항복한 진나라 왕 '자영'도 죽이고, 진나라 궁전도 불태웠는데 그 불은 3개월 동안 꺼지지 않았다(殺秦降王子嬰, 燒秦宮室, 火三月不滅). 또 그는 진나라에서 재물과 부녀자를 빼앗아 자신의 고향인 동쪽으로 갔다(收其貨寶婦女而東). 어떤 사람이 '항우'를 설득했다. "관중(關中)지역은 산과 강으로 둘러싸여 있고 사방에 요새가 있으며 땅도 비옥하니, 도읍을 이곳으로 하시면 천하를 얻으실 수 있습니다(阻山河四塞, 地肥饒, 可都以霸)." '항우'는 진나라 궁전이 모두 불에 타 파괴되고 황폐해진 것을 보았고, 또 고향으로 돌아가고 싶은 마음도 있었다(項王見秦宮皆以燒殘破, 又心懷思欲東歸). 그래서 그는 말했다. "부귀해진 다음에 고향에 돌아가지 않는 것은 마치 비단옷을

입고 밤에 걷는 것과 같으니, 그 어느 누가 알아주겠는가!(富貴不歸故鄕, 如衣繡夜行, 誰知之者)" 그러자 '항우'를 설득했던 사람이 말했다. "사람들이 초나라 사람은 원숭이가 관을 쓴 것과 같다고 하는데, 과연 그렇군요(人言楚人沐猴而冠耳, 果然)" '항우'는 이 말을 듣고 그를 삶아 죽여 버렸다(項王聞之, 烹說者).

마침내 소치 동계올림픽도 끝나고, 대표선수단이 금의환향했다. 88개 참가국 중에서 13위, 대단한 성과이다. 말도 많고 아쉬움도 많았지만, 모두가 최선을 다했으니 금메달을 못 땄다고 죄스러워할 필요는 없다. 그러나 어떤 한 선수는 금메달을 3개나 따고도 금의환향하지 못하니, 얼마나 힘들고 가슴 아플까.

2014.02.28

기복염거
驥服鹽車

‘천리마가 소금수레를 끈다’라는 뜻으로, ‘뛰어난 사람이 걸맞지 않는 천한 일에 종사함’을 비유한다. ‘전국책(戰國策)’의 ‘초책(楚策)’편에서 유래했다. ‘한명(汗明)’은 초나라 재상 ‘춘신군(春申君)’의 문객이 되고 싶어 만나 이야기를 나눈 후에 다시 만나고 싶었지만, ‘춘신군’은 ‘한명’에게 당신을 이미 잘 알고 있으니 더 이상 만날 필요 없다고 했다. 그러자 ‘한명’은 현명한 ‘순(舜)’임금도 영명한 ‘요(堯)’임금을 모실 때 3년이 지난 후에야 비로소 서로를 잘 알게 됐다고 하면서, 자신이나 ‘춘신군’도 ‘요순(堯舜)’보다 현명하지 못하니 더 자주 만나야 서로를 알 수 있을 거라고 설득하여, 5일에 한 번씩 만나게 됐다.

‘한명’이 ‘춘신군’에게 말했다. “군(君)께서는 천리마에 대해서 들어보셨습니까?(君亦聞驥乎) 천리마가 나이가 들어 소금수레를 끌며 ‘태행산’을 오르고 있었습니다(夫驥之齒至矣, 服鹽車而上太行). 발굽은 세우고 무릎은 구부리고, 꼬리는 축 늘어지고 가죽은 벗겨진 채 침과 땀이 범벅이 되어, 산중턱에서 소금수레를 끌고 올라가보려고 아무리 애를 써도 더 이상 올라갈 수 없었습니다(蹄申膝折, 尾湛胕潰, 漉汁灑地, 白汗交流, 中阪遷延, 負轅不能上). ‘백락’은 이 광경을 보고 마차에서 내려 말을 붙잡고 울며, 자신의 베옷을 벗어 말에게 덮어주었습니다(伯樂遭之, 下車攀而哭之, 解紵衣以冪之). 천리마는 고개를 숙이고 숨을 크게 내쉬고 고개를 들어 우는데(驥於是俛而噴, 仰而鳴), 날카로운 금속성 울음소리가 하늘가에 울려 퍼졌습니다. 그 이유는 무엇일까요(聲達於天, 若出金石聲者, 何也). 그것은 자신을 인정해주는 '백락'을 만났기 때문입니다(彼見伯樂之知己也). 지금 저는 못나고 어리석어 지방의 외진 곳에서 궁색하게 지낸지 오래됐습니다(今僕之不肖, 阨於州部, 堀穴窮巷, 沈洿鄙俗之日久矣). 군께서는 어찌 저를 발탁하여 제가 군을 위하여 산마루에서 엎드려 크게 울부짖도록 해주실 마음은 없으신지요?(君獨無意湔拔僕也, 使得爲君高鳴屈於梁乎)"

얼마 전 수능시험이 끝났다. 모두 저마다 다르게 태어났는데, 우리나라는 유독 공부만 강요하여 많은 학생들이 행복하지 못한 것 같다. 더 많은 잠재력을 가지고 있는데도, 공부라는 '소금수레' 때문에 꽃도 피우지 못하고 그냥 시들어버리는 것이 아닌지. 좀 더 다양한 사고와 행동양식이 요구되는 요즘이다.

2014.11.21

기인지우
杞人之憂

'기(杞, 周나라 때의 제후국)나라 사람의 걱정'이라는 뜻으로 '쓸데없는 걱정'을 비유한다. '열자(列子)'의 '천서(天瑞)'편에서 유래했다. 또 '기인우천(杞人憂天, 杞나라 사람이 하늘을 걱정한다)', '기우(杞憂)'라고도 한다.

어떤 '기'나라 사람이 있었는데, 그는 하늘이 무너지고 땅이 꺼져서 죽을 것 같아 걱정해서 잠도 못자고 음식도 먹지 못했다(杞國有人, 憂天地崩墜, 身亡所寄, 廢寢食者). 또 이 사람이 걱정하는 바를 걱정하는 사람이 있었는데, 그는 이 사람을 깨우치게 하려고 찾아가 말했다(又有憂彼之所憂者, 因往曉之, 曰). "하늘은 기체가 모여서 이루어진 것이며, 세상에 기체가 없는 곳은 없습니다(天, 積氣耳, 亡處亡氣). 당신은 움직이고 호흡하며 하루 종일 하늘 안에서 생활하고 있는데, 어찌하여 하늘이 무너질 것을 걱정합니까?(若屈伸呼吸, 終日在天中行止, 奈何憂崩墜乎)" 그 사람이 답했다. "하늘이 정말로 기체가 모여서 이루어진 것이라면, 해와 달, 별도 떨어질 수 있는 것 아닙니까?(天果積氣, 日月星宿不當墜邪)" 그를 깨우치게 하려고 하는 사람이 말했다(曉之者曰). "해와 달, 별 역시 기체가 모여서 이루어진 것으로 빛나는 것입니다(日月星宿, 亦積氣中之有光耀者). 그러므로 이것들이 설사 땅에 떨어진다고 하더라도 다치지는 않을 것입니다(只使墜, 亦不能有所中傷)." 그 사람이 또 말했다. "그럼 땅이 꺼지면 어떻게 하나요?(奈地壞何)" 그를 깨우치게 하려고 하는 사람이 말했다. "땅은 흙덩이가 모여서 이루어진 것으로 사방을 꽉 채우고 있어 흙덩이가 없는 곳이 없습니다(地積塊耳, 充塞四虛, 亡處亡塊). 당신은 땅을 밟으며 하루 종일 땅 위에서 생활하고 있는데, 어찌하여 땅이 꺼질 것을 걱정합니까?(若躇步跐蹈, 終日在地上行止, 奈何憂其壞)" 그제야 그 사람은 미심쩍었던 것이 풀려 매우 기뻐했고, 그를 깨우치려고 하는 사람 역시 매우 기뻐했다(其人舍然大喜, 曉之者亦舍然大喜).

요즘 도처에서 발생하고 있는 안전사고를 보면, 하늘이 무너지고 땅이 꺼질까 걱정하는 것이 절대 '기우'가 아닌 것 같다. 하늘에서는 운석과 우주쓰레기가 떨어지고, 땅에서는 용오름 현상이 생기고, 자동차는 급발진하고, 멀쩡한 지반이 내려앉아 구멍(Sink hole)이 생기고, 백화점 천정이 갑자기 내려앉고, 전우의 총격으로 죽으니. 이를 어쩌나.

2014.07.04

끽휴시복
喫虧是福

'손해 보는 것이 복이다'라는 뜻으로, '이익만 좀스럽게 따지는 것보다는 차라리 손해 보고 마음의 평화를 얻는 것이 더 좋음'을 비유한다. '정섭(鄭燮)'은 청나라 때의 유명한 서예가이다. 그는 호가 '판교(板橋)'라서 '정판교(鄭板橋)'라고도 한다.

그는 '難得糊塗(난득호도, 바보처럼 어수룩하게 행동하기 어렵다)'라는 붓글씨를 쓰고, 그 아래에 작은 글씨로 다음과 같이 설명했다.

> 똑똑하게 사는 것도 어렵고, 바보처럼 사는 것도 어렵다(聰明難, 糊塗難). 똑똑하면서도 바보처럼 구는 것은 더욱 어렵다(由聰明而轉入糊塗更難). 한 수 물러주고 한 걸음 뒤로 물러나면 마음이 편해진다(放一著, 退一步, 當下心安). 그렇다고 나중에 복이나 보답 받기를 꾀하는 것은 아니다(非圖後來福報也).

그리고 또 그는 '難得糊塗(난득호도)'와 짝이 되는 '喫虧是福(끽휴시복)'이라는 붓글씨를 쓰고, 그 아래에 작은 글씨로 다음과 같이 설명했다.

> 달이 찼다는 것은 기울 때가 된 것이고(滿者, 損之機), 달이 기울었다는

것은 찰 때가 된 것이다(虧者, 盈之漸). 내게 손해가 되면 남에게 이익이 된다(損於己, 則益於彼). 밖으로는 세상 사람들이 마음의 평화를 얻고, 안으로는 나도 마음의 편안함을 얻는다(外得人情之平, 內得我心之安). 모두가 평화롭고 편안함을 얻으니, 복이 바로 이곳에 있게 된다(旣平且安, 福卽在是矣).

요즘처럼 각박한 세상에 가끔은 우리 마음을 넉넉하게 하는 뉴스가 있어 좋다. 하지만 가슴이 아프다. 국내도 점점 장기기증자가 늘고 있으나, 여전히 태부족이라고 한다. 미국에 사는 3살짜리 '올리비아'는 암으로 죽으면서 2살, 4살 등 4명의 어린이에게 새 생명을 주고 세상을 떠났다고 한다. 우리도 너무 아웅다웅하지 말고 내가 좀 손해를 보더라도 남에게 도움이 되면, 그 사람도 남을 배려할 수 있는 마음의 여유가 생길 테고, 이러다 보면 서로가 서로를 배려하는 훈훈한 사회가 되지 않을까.

2014.07.17

낙정하석
落穽下石

‘함정에 빠진 사람에게 돌을 떨어뜨린다’는 뜻으로 ‘곤경에 빠진 사람을 도와주지는 않고 오히려 해를 가하는 것’을 비유한다. ‘하정투석(下穽投石)’이라고도 한다. ‘한유(韓愈)’의 ‘유자후묘지명(柳子厚墓誌銘)’에서 유래했다. ‘유자후’는 당(唐)나라 때 유명한 문장가인 ‘유종원(柳宗元)’을 말하며, ‘한유’가 ‘유종원’이 죽었다는 소식을 듣고 ‘묘지명’을 썼다.

선비의 절개와 의리는 어려울 때 비로소 드러난다(士窮乃見節義). 사람들은 평소 마을에 같이 살면서 서로 받들고 반기며(今夫平居里巷相慕悅), 먹고 마시고 놀면서 서로 초대하고 방문하고(酒食遊戲相徵逐), 억지로 웃으며 기분을 맞추고 서로 겸손한 태도를 취한다(詡詡强笑語, 以相取下). 또 손을 잡고 간이라도 빼서 보여줄 것처럼 행동하고(握手出於肺肝相示), 하늘의 해를 가리키며 울면서 죽더라도 배신하지 않겠다고 맹서하는데(指天日涕泣, 誓生死不相背負) 정말로 믿을 수 있을 것 같다(眞若可信). 그러나 일단 머리털만큼 아주 작은 이해관계라도 생기면, 마치 모르는 사람처럼 외면하고(一旦臨小利害, 僅如毛髮比, 反眼若不相識), 또 누군가 함정에 빠지면 손을 뻗어 구하지 않고 도리어 밀어 넣고, 또 그 속에 돌까지 던져 넣는 사람이 대부분이다(落陷阱不一引手救, 反擠之, 又下石焉者, 皆是也). 이러한 행동은 짐승이나 오랑캐조차도 차마 하지 못하는 행동인데, 그들은 스스로 계획대로 됐다고 생각한다(此宜禽獸夷狄所不忍爲, 而其人自視以爲得計). 이러한 사람들일지라도 '유종원'의 행동과 인품에 대하여 듣는다면, 조금이라도 부끄러움을 느낄 것이다(聞子厚之風, 亦可以少愧矣).

최근에 아이들이 계모나 친부모에 의해서 학대받다가 살해되는 사건이 잇달아 발생하고 있다. 이웃과 학교 선생님의 신고로 조사가 이뤄졌지만, 이들의 죽음을 막지는 못했다. 우리의 무관심과 부모의 잔혹한 폭행으로 어린 그들은 꽃도 채 피우지 못하고 가버렸다. 이 아이들은 '깊은 구덩이에 앉아 하늘을 쳐다보다가 커다란 바위가 떨어지는 것을 보는 심정'이 아니었을까. 가슴이 아프다.

2014.04.18

내우외환
內憂外患

‘내부의 우려와 외부의 환란’라는 뜻으로, ‘나라 안팎의 여러 가지 근심과 어려움’이나 ‘내부의 분규와 외부의 압력’을 비유한다. ‘내우외란(內憂外亂)’이라고도 한다. ‘국어(國語)’의 ‘진어(晉語)’에서 유래했다. 춘추시대 때 진(晉)나라가 정(鄭)나라를 공격하자 초(楚)나라는 군대를 보내 정나라를 구하려하였다. 이에 진나라 대신들은 초나라와 싸우자고 하였으나, ‘범문자(范文子)’는 반대하며 말했다.

> 전쟁은 일종의 형벌로서 잘못을 징벌하는 것입니다(夫戰, 刑也, 刑之過也). 잘못은 대신들에게서 비롯되고 원망은 백성들에게서 비롯됩니다(過由大, 而怨由細). 그러므로 은혜로서 백성들의 원망을 없애고, 모진 마음으로 대신들의 잘못을 제거해야 합니다(故以惠誅怨, 以忍去過). 백성들의 원망과 대신들의 잘못이 없어진 다음에야, 비로소 군사를 동원하여 불복하는 외적을 징벌할 수 있습니다(細無怨而大不過, 而後可以武, 刑外之不服者). 지금 우리나라는 형벌이 대신에게 미치지 못하고 백성들을 모질게 대하고 있는데, 어느 누가 전쟁을 하겠습니까?(今吾刑外乎大人, 而忍于小民, 將誰行武) 무력을 행하지 않고 이길 수 있다면, 그것은 요행입니다(武不行而勝, 幸也). 요행으로 나라를 다스린다면 틀림없이 내부에 우환이 생기게 됩니다(幸以爲政, 必有內憂). 오로지 성인만이 외환과 내우가 없을 수 있습니다(且唯聖人能無外患, 又無內憂). 성인이 아

니라면 한쪽으로 치우칠 수밖에 없습니다(詎非聖人, 必偏而後可). 외환은 생겨도 해결할 수 있지만(偏而在外, 猶可救也), 내우는 생기면 어렵습니다(疾自中起, 是難).

며칠 전 11월 23일에 중국이 동중국해 방공식별구역에 '이어도'를 포함하여 논란이 일고 있다. 공교롭게도 그 하루 전날인 22일 천주교 전주교구 시국미사에서 한 신부의 발언으로 보수단체의 집회가 전국적으로 잇따르고 있다. 여야 간의 반목과 대립도 부족해서, 진보와 보수 등 각 사회계층간의 내부충돌이 계속되고 있다. 한중일 간의 영토문제 등 복잡한 국제정세 속에서 외환(外患)이 끊이지 않는 이때, 계속되는 내우(內憂)를 어찌하나.

2013.11.29

노마지지
老馬之智

'늙은 말의 지혜'라는 뜻으로, '경험이 많은 사람은 나름의 지혜를 가지고 있음'을 비유한다. '한비자(韓非子)'의 '설림상(說林上)'편에서 유래했다. '노마식도(老馬識途, 늙은 말이 길을 잘 안다)'라고도 한다. 본래는 '전쟁터에서 쓸모없는 늙은 말도 길을 찾을 때에는 늙은 말의 경험이 필요하다'라는 뜻으로 '아무리 하찮은 존재라고 하더라도 모두 배울 바가 있음'을 비유했다.

'관중(管仲)'과 '습붕(隰朋)'이 제나라 '환공(桓公)'을 따라 '고죽(孤竹)'이라는 나라를 치러 갔다. 봄에 갔다가 겨울철에 돌아오는데 길이 익숙하지 않아 현혹되어 길을 잃었다(春往冬反, 迷惑失道). '관중'이 말했다. "늙은 말의 지혜를 활용할 만합니다(老馬之智可用也)". 그는 곧 늙은 말의 고삐를 풀어 놓아주고 그 뒤를 따라가니, 마침내 길을 찾을 수 있었다(乃放老馬而隨之, 遂得道). 산속을 행군하다가 물이 떨어지자 '습붕'이 말했다(行山中無水, 隰朋曰). "개미는 겨울에는 산의 남쪽에 살다가 여름에는 산의 북쪽으로 와서 사는데(蟻冬居山之陽, 夏居山之陰), 개밋둑이 한 치 되면 아래로 팔 척(尺) 되는 곳에 물이 있습니다(蟻壤一寸而仞有水)". 그 곳을 파보니 마침내 물을 찾을 수 있었다(乃掘地, 遂得水). '관중'과 '습붕'은 모두 지혜롭지만 그들의 지혜로도 알 수 없는 일에 닥치게 되면, 늙은 말이나 개미와 같은 미물에게 배우는 것조차 꺼리지 않았다(以管仲之

聖, 而隰朋之智, 至其所不知, 不難師於老馬與蟻). 그런데 요즘 사람들은 어리석으면서도 성인의 지혜를 배울 줄 모르니, 어찌 큰 잘못이 아니겠는가!(今人不知以其愚心而師聖人之智, 不亦過)。

'관중'은 쓸모없다고 생각되는 미물이라고 하더라도 나름의 재주를 찾아내고, 적재적소에 활용하여 난관에서 벗어났다. 우리는 새해를 맞아 희소식보다는 나쁜 소식이 더 많고, 게다가 국내외적으로 도처에 위기가 지뢰처럼 숨어 있어 언제 터질지 모르는 형편이다. 지금 우리에게 절실한 것은 '관중'의 안목과 지혜가 아닐까.

2014.01.10

단료투천
簞醪投川

‘탁주 한 병을 흐르는 물에 쏟아 붓다’라는 뜻으로, ‘장수가 병사들과 동고동락함’을 비유한다. 또 ‘단료투하(簞醪投河), ‘단료로사(簞醪勞師, 탁주 한 병으로 병사들을 위로하다)’, ‘투료로사(投醪勞師)라고도 한다. ‘장협(張協)’의 ‘칠명(七命)’이라는 작품에 처음 보인다. “‘단료투천’은 전군이 승리하게 할 수 있다(單醪投川, 可使三軍告捷).” 이 이야기의 유래는 월(越)왕 ‘구천(句踐)’과 관련이 있으며, ‘여씨춘추(呂氏春秋)’의 ‘순민(順民)’편에 관련 기록이 보인다.

월왕 ‘구천’이 ‘회계산’에서의 치욕 이후에 고통 받고 있는 동안, 민심을 얻어 ‘오(吳)’나라와 목숨을 걸고 싸우려고 준비하고 있었다(越王苦會稽之恥, 欲深得民心, 以致必死於吳). 그래서 그는 편한 잠자리도 피하고, 맛있는 음식도 먹지 않고, 화려한 것도 보지 않았으며, 음악도 듣지 않았다(身不安枕席, 口不甘厚味, 目不視靡曼, 耳不聽鐘鼓). 3년 동안 많은 고생을 하여 입술이 바짝바짝 마르고 폐까지 타들어가는 듯하다(三年苦身勞力, 焦脣乾肺). 안으로는 여러 신하와 가까이 지내고, 아래로는 백성들을 돌보며 그들의 환심을 샀다(內親群臣, 下養百姓, 以來其心). 맛있는 음식이 있더라도 나누기에 부족하면 감히 먹지 못했고(有甘肥不足分, 弗敢食), 술이 생기면 강물에 부어 백성들과 함께 즐겼다(有酒流之江, 與民同之). 양식은 몸소 경작하여 먹고, 옷은 부인이 직접 베를 짜서 입었다

(身親耕而食, 妻親織而衣). 진기한 음식과 옷을 겹쳐 입는 것, 두 가지 이상 색깔을 사용하는 것을 금했다(味禁珍, 衣禁襲, 色禁二). 그는 자주 마차에 음식을 싣고 민가로 나가, 고아, 과부, 노인, 약자 중에 병들고 곤궁하고 안색이 초췌하고 잘 먹지 못한 사람들을 찾아가 손수 그들에게 음식을 먹여 주었다(時出行路, 從車載食, 以視孤寡老弱之漬病困窮顔色愁悴不贍者, 必身自食之). …… 그리하여 훗날 예상대로 '오호(五湖)'에서 오나라와 싸워 크게 승리했다(於是異日果與吳戰於五湖, 吳師大敗).

요즘 우리 사회는 '공무원연금법' 등 개혁해야 할 부분이 너무나도 많지만, 지지부진하다. 그 이유는 신뢰의 문제인 것 같다. '월'왕 '구천'은 나라를 되찾기 위해 거의 20년 동안 준비하고 끝내 성공했다. 그는 민심을 얻는 것이 최우선이라고 생각하여, 자신의 것을 먼저 백성들을 위해 내놓고 그들과 동고동락했다. 요즘 '희생양'을 찾아내 '마녀사냥'을 부추기는 요즘, 우리가 진정으로 필요한 것은 '구천'의 지혜가 아닐까.

2014.10.30

도로무공
徒勞無功

'헛되게 힘만 쓰고 아무 보람이 없다'라는 뜻으로, '공연히 헛수고함'을 비유한다. '장자(莊子)'의 '천운(天運)'편에서 유래했다. '도로무익(徒勞無益)' 또는 '노이무공(勞而無功)'이라고도 한다. '공자'가 위(衛)나라로 유세하러 갔을 때, '공자'의 제자 '안연(顔淵)'이 '사금(師金)'에게 '공자'의 유세에 대해 어떻게 생각하는지 물으니, '사금'은 이번 유세는 어려울 것 같다고 하며 그 이유를 다음과 같이 말했다.

> 물길을 갈 때는 배를 타는 것보다 더 좋은 것이 없고(夫水行莫如用舟), 육로를 갈 때는 수레를 타는 것보다 더 좋은 것이 없습니다(而陸行莫如用車). 배가 물에서 잘 갈 수 있다고 해서 배를 육지에서 밀고 간다면(以舟之可行於水也而求推之於陸), 평생 가도 얼마 가지도 못합니다(則沒世不行尋常). 옛날과 현재의 차이는 물길과 육로의 차이와 같지 않겠습니까?(古今非水陸與) '주'나라와 '노'나라의 차이는 배와 수레의 차이와 같지 않겠습니까?(周魯非舟車與) 지금 '주'나라에서 시행했던 제도를 '노'나라에서 시행하려고 하는 것은 배를 육지에서 밀고 가려고 하는 것과 같아(今蘄行周於魯, 是猶推舟於陸也), 힘만 들고 아무런 효과가 없으며 자신에게도 틀림없이 재앙이 생길 것입니다(勞而無功, 身必有殃).

얼마 전 우리나라 축구국가대표팀 감독이 월드컵에서 성적이 좋지 않은 것을 책임지고 사퇴했다. 며칠 전 대한축구협회 기술위원장은 외국인 감독을 영입하기 위해 극비리에 네덜란드로 출국했다고 한다. 과연 감독 한 명만 교체하면 우리나라 축구의 모든 문제를 바로 해결할 수 있을 거라고 생각하는 것인지. 그보다는 시간이 걸리더라도 우리나라 축구선수 양성시스템을 기초부터 개혁하고 K리그 활성화방안을 모색해야 하는 게 아닌지. 최근 '윤일병 사건'으로 육군참모총장이 사의를 표명했는데, 한 두 사람이 바뀐다고 병영문화가 갑자기 좋아질 수 있는 거라고 생각하는 것은 혹시 아니겠지만. 문제점을 정확하게 파악하고 제대로 조치하지 못하면 '도로무공'하지 않을까.

2014.08.09

도리불언
桃李不言

'복숭아나무와 자두나무는 말하지 않는다'라는 뜻으로 뒤에 '하자성혜(下自成蹊, 그 나무 아래에 길이 저절로 생긴다)'라는 말이 이어져야 완전한 의미가 된다. 이 말은 '훌륭한 인격이나 능력을 갖춘 사람 주위에 많은 사람들이 모여 명성이 저절로 높아짐'을 비유한다. 또 '도리무언(桃李無言)'이라고도 한다. '사기(史記)'의 '이장군(李將軍)'열전에서 유래했다. '이장군'은 한(漢)나라의 '이광(李廣)'을 말하는데, '사마천(司馬遷)'은 '이광'장군에 대하여 다음과 같이 평했다.

> '공자(孔子)'가 말씀하셨다. "윗사람이 자신의 행동을 바르게 하여 모범을 보이면, 명령하지 않아도 아랫사람들은 윗사람을 따라 바르게 행동하지만(其身正, 不令而行), 윗사람이 자신의 행동을 바르게 하지 못하면, 윗사람이 비록 바르게 행동하라고 명령을 내린다고 해도 아랫사람들은 윗사람의 명령을 따르지 않는다(其身不正, 雖令不從)." 이 말은 바로 이 장군을 두고 일컫는 말이다(其李將軍之謂也). 내가 보기에 이 장군은 시골사람처럼 공손하고 무던하며, 말을 잘 하지 못했다(余睹李將軍悛悛如鄙人, 口不能道辭). 그가 죽은 날, 그를 알고 있는 사람이나 모르는 사람이나 모두 매우 애통해했다(及死之日, 天下知與不知, 皆爲盡哀). 그는 충직하고 진실하여 사대부에게 신뢰를 받았다(彼其忠實心誠信於士大夫也). 옛말에 "복숭아나무와 자두나무는 아무 말도 하지 않지만, 그 과일의 맛이 좋

으면 사람들이 자주 찾아와 그 나무아래에 길이 저절로 생긴다(桃李不言, 下自成蹊)." 이 말은 비록 짧지만 커다란 이치를 깨닫게 한다(此言雖小, 可以諭大也).

언제부턴가 말 잘하는 사람이 득세하는 시대가 됐다. 실천은 뒷전이고 말만 잘하면 된다고 착각하고, 모두가 거짓말과 과대포장에 열중이다. 비록 말은 잘 못해도 묵묵히 실천하여 성과를 이루면, 명성은 자연히 따라 올 텐데……. 공약(空約)만 난무하는 요즘 '교언영색(巧言令色, 꾸며대는 말과 알랑거리는 태도)'의 이면에는 도대체 무엇이 있을까.

2014.05.23

도행역시
倒行逆施

'거꾸로 행동하고 시행하다'라는 뜻으로, '사회적 규범에 위배되거나 시대를 거스르는 행동을 하는 것'을 비유한다. '사기(史記)'의 '오자서(伍子胥)전'에서 유래했다.

처음에 '오자서'와 '신포서'는 친구였다(始伍員與申包胥爲交). '오자서'가 초(楚)나라를 떠나 오(吳)나라로 도망갈 때, '신포서'에게 말했다(員之亡也, 謂包胥曰). "나는 반드시 초나라를 망하게 하고 말 것이네(我必覆楚)." 이에 '신포서'가 답했다. "나는 반드시 초나라를 지켜내겠네(我必存之)." '오자서'는 오나라 군대를 이끌고 초나라 수도 '영(郢)'으로 쳐들어와 아버지와 형을 죽인 '소왕'을 찾았으나 끝내 찾아내지 못했다(及吳兵入郢, 伍子胥求昭王, 旣不得). 이에 '오자서'는 '소왕'의 아버지인 '평왕'의 시체를 무덤에서 꺼내 채찍으로 300대나 친 다음에야 멈췄다(乃掘楚平王墓, 出其尸, 鞭之三百, 然後已). '신포서'는 도망쳐 나와 산속에서 이 소식을 듣고, 사람을 시켜 '오자서'에게 말을 전했다(申包胥亡於山中, 使人謂子胥曰). "그대가 이런 식으로 원수를 갚다니, 너무 심하지 않은가?(子之報讎, 其以甚乎) '세력이 홍성할 때는 천리(天理)도 거스를 수 있으나, 천리는 결국 그 세력을 무너뜨린다(人衆者勝天, 天定亦能破人)'는 말이 있다네. 그대는 전에 신하로서 '평왕'을 모셨는데 지금 그대가 이미 죽은 왕을 심하게 욕보이다니, 이 어찌 극악무도하다고 말하지 않을 수 있겠는가!(今

子故平王之臣, 親北面而事之, 今至於僇死人, 此豈其無天道之極乎)" '오자서'가 말했다. "나를 대신해서 '신포서'에게 미안하다고 말해주게(爲我謝申包胥曰). '내 나이가 들어 마치 갈 길은 먼데 해가 지는 것처럼 마음이 조급해져서, 이렇게 천리에 어긋나는 행동을 하고 말았다고(吾日莫途遠, 吾故倒行而逆施之)'."

며칠 전 교수신문에서 이 성어를 올해의 사자성어로 선정 발표했다. '오자서'처럼 마음이 조급해지면 이치에 맞지 않는 행동을 하게 된다. 지금 우리 사회는 아마도 승자독식주의가 만연해서, 한 국가와 사회를 이루고 있는 구성원끼리 활로를 모색하는 것이 아니라 마치 철천지원수처럼 서로 죽이려고만 하고 있는 것 같다. 이제는 제발 싸움을 그만두고 우공이산(愚公移山)처럼 끈기를 가지고, 서로를 위해 타협점을 모색해야 하지 아닐까. 철도파업은 언제나 끝날까.

2013.12.27

동류합오
同流合汚

'세속에 동조하고, 더러운 세상과 어울리다'라는 뜻으로, '나쁜 사람과 어울려 함께 못된 짓을 함'을 비유한다. '맹자(孟子)'의 '진심(盡心) 하(下)'편에서 유래했다.

'만장(萬章)'이 '맹자(孟子)'에게 물었다. "마을 사람들이 모두 좋은 사람이라고 말하고, 그도 어디에서든지 좋은 사람처럼 행동한다(一鄕皆稱原人焉, 無所往而不爲原人). 그런데 '공자'께서는 덕을 해치는 놈이라고 생각하시는데 그 이유가 뭔가요?(孔子以爲德之賊, 何哉)" '맹자'가 답했다. "그들은 그르다고 하려고 해도 지적할 것이 없고, 비난하려고 해도 비난할 것이 없다(非之無擧也, 刺之無刺也). 그들은 세속에 동조하고 더러운 세상과 어울린다(同乎流俗, 合乎汚世). 처신함이 충직하여 신의가 있는 것 같고, 행동함이 청렴한 것 같다(居之似忠信, 行之似廉潔). 그래서 여러 사람들이 그들을 좋아하고 그들 스스로도 자신이 옳다고 생각한다(衆皆悅之, 自以爲是). 하지만 그들과 더불어 요순(堯舜)의 도(道)에 이를 수 없다. 그래서 '공자'께서 덕을 해치는 놈이라고 말씀하셨다. '공자'께서 '나는 사이비를 싫어한다(惡似而非者). 강아지풀을 싫어하는데, 그것은 볏모와 혼란스럽게 만들까 두려워서이다(惡莠, 恐其亂苗也). 아첨하는 것을 싫어하는데, 그것은 정의를 혼란스럽게 만들까 걱정해서이다(惡佞, 恐其亂義也). 또한 말을 잘하는 것을 싫어하는데, 그것은 믿음을 혼란스럽게 만들까 걱정해서이다(惡利口, 恐其亂信也). 정나라 음악을 싫어하는데, 그것은 정악(正樂)을 혼란스럽게 만들까 걱정해서이다(惡鄭聲, 恐其亂樂也). 간색인 자줏빛을 싫어하는데, 그것은 정색인 붉은색과 혼란스럽게 만들까 걱정해서이다(惡紫, 恐其亂朱也). 마을에 사는 위선적인 사람을 싫어하는데 그것은 덕을 해칠까 걱정해서이다(惡鄕原, 恐其亂德也)'라고 말씀하셨다. 군자는 '상도(常道)'로 돌아갈 따름이다. '상도'가 바르게 되면 서민이 흥하게 되고, 서민이 흥하면 사악한 생각이 사라지게 된다(經正, 則庶民興, 庶民興, 斯無邪慝矣)."

얼마 전 영호남 지역 갈등을 허물기 위한 국회의원들의 모임인 '동서화합포럼'이 열렸는데, 결국 영호남 두 지역이 서로 필요한 예산을 챙겨주자는 모임이 됐다고 한다. 이렇게 하면 동서 갈등은 혹시라도 해결될지는 몰라도, 또 다른 지역 갈등을 유발할지도 모른다. 얄팍한 '사이비'보다는 보편타당한 '정의'를 모색해야 하지 않을까.

2014.11.14

동병상련
同病相憐

'같은 병을 앓는 사람끼리 서로 가엾게 여긴다'는 뜻으로, '어려운 처지에 있는 사람끼리 서로 동정함'을 비유한다. '오월춘추(吳越春秋)'의 '합려내전(闔閭內傳)'에서 유래했다. '오자서(伍子胥)'는 '합려(闔閭)'에게 '백희(白喜, 백비伯嚭라고도 함)'를 천거하였으나, 30년 후 결국 자신이 추천했던 '백희'의 모함으로 죽게 된다.

> '합려(闔閭)'가 '백희(白喜)'를 만나 물었다. "과인의 나라는 중원에서 멀리 떨어져 있고, 동쪽에 바다가 있습니다(寡人國僻遠, 東濱海). 당신의 부친은 '비무기'의 모함으로 초나라 재상이 크게 노하여 죽임을 당했다고 들었습니다(側聞子前人爲楚荊之暴怒, 費無忌之讒口). 그대는 우리나라가 멀다하지 않고 왔는데, 내게 무슨 가르침을 주려합니까?(不遠吾國而來於斯, 將何以教寡人)" '백희'가 답했다. "저는 초나라에서 도망온 죄인입니다(楚國之失虜). 제 아버지는 죄가 없는데도 뜻밖의 죽음을 당했습니다(前人無罪, 橫被暴誅). 신은 대왕께서 궁지에 몰린 '오자서'를 거둬들이셨다는 말을 들어, 천리를 멀다하지 않고 와서 대왕께 의탁하려 합니다(臣聞大王收伍子胥之窮厄, 不遠千里故來歸命). 대왕이 분부만 하시면 죽음도 마다하지 않겠습니다(惟大王賜其死)." '합려'는 마음 아파하며 '백희'를 대부로 삼고 국사를 함께 도모했다(闔閭傷之, 以爲大夫, 與謀國事). 오(吳)나라 대부 '피리'가 연회에 참가하여 '오자서'에게 물었다(吳大夫被

離承宴問子胥曰). "당신은 어찌 '백희'를 보자마자 그렇게 신임합니까?(何見而信喜)" '오자서'가 말했다. "제 원한은 '백희'와 같습니다(吾之怨與喜同). 당신은 '하상가(河上歌)'를 듣지 못했습니까? '같은 병을 앓는 사람끼리 서로 가엾게 여기고(同病相憐), 같은 근심을 하는 사람끼리 서로 돕는다(同憂相救).' ……" …… '피리'가 말했다. "제가 보기에 '백희'의 사람됨은 매처럼 매서운 눈초리와 호랑이처럼 거만한 걸음걸이로, 공을 독차지 하고 사람을 함부로 죽이는 성품이니 가까이해서는 안 됩니다(吾觀喜之爲人, 鷹視虎步, 專功擅殺之性, 不可親也)." 그러나 '오자서'는 그렇게 생각하지 않고, 그와 함께 오나라 왕을 모셨다(子胥不然其言, 與之俱事吳王).

프란치스코 교황이 며칠 전 4박5일의 한국방문 일정을 마치고 귀국했다. 교황은 짧은 기간 동안 종교를 초월해 갈등과 분열에 휩싸여 있는 우리사회에 희망의 메시지를 전해 주었다. 그의 미소와 모든 행동은 조금의 가식도 보이지 않았다. 그것은 아마도 상처받고 소외된 사람들과 아픔을 같이하는 '동병상련'의 마음에서 우러나왔기 때문이 아닐까.

2014.08.22

동실조과
同室操戈

'한 가족끼리 창을 잡다'라는 뜻으로, '내홍(內訌)이 일어남'이나 '집안싸움', '형제간의 싸움'을 비유한다. '좌전(左傳)'의 '소공(昭公)'원년(元年)에서 유래했다.

정(鄭)나라 대부 '서오범(徐吾犯)'의 여동생은 뛰어난 미인이었다. 대부 '공손초(公孫楚)'가 그녀와 정혼했는데, 사촌형인 '공손흑(公孫黑)'도 억지로 청혼 예물을 보냈다(公孫楚聘之矣, 公孫黑又使强委禽焉). '서오범'은 몹시 두려워하며 이를 '자산(子産)'에게 알렸다. '자산'이 말했다. "이 일은 나라의 정치가 어지럽기 때문에 생기는 일이요(是國無政). 이 일은 당신이 걱정할 일이 아닙니다(非子之患也). 여동생이 원하는 대로 하십시오(唯所欲與)." '서오범'은 여동생에게 택하게 하겠다고 두 사람에게 요청했고, 두 사람 모두 허락했다(犯請於二子, 請使女擇焉, 皆許之). '자석(공손흑의 자)'은 화려하게 차려입고 와서 폐백을 차려놓고 나갔고(子皙盛飾入, 布幣而出), '자남(공손추의 자)'는 군복을 입고 와서 좌우로 활을 쏜 뒤, 수레에 뛰어올라 타고 나갔다(子南戎服入, 左右射, 超乘而出). '서오범'의 여동생은 방안에서 이들을 살펴본 뒤 말했다. "'공손흑'은 정말 화려하지만, '공손초'는 남자답네요(子皙信美矣, 抑子南夫也). 남편은 남편답고 부인은 부인다운 것이 순리입니다(夫夫婦婦, 所謂順也)." 그리고 그녀는 '공손추'에게 시집갔다(適子南氏). '자석'은 몹시 화가 나서 옷 안에 몰래 갑옷을 입고 '자남'을 만나 죽이고 그의 아내를 빼앗으려 했다(子晳怒, 旣而櫜甲以見子南, 欲殺之, 而取其妻). '공손추'는 이를 알고 '공손흑'을 쫓아가 대로에서 창으로 그를 찔렀다(子南知之, 執戈逐之, 及衝, 擊之以戈). '공손흑'은 부상당한 채로 돌아갔다(子晳傷而歸)……

요즘 정치권은 여야 간의 정쟁보다는 집안싸움에 더 열중이다. 메르스(MERS)와 가뭄과의 싸움이 아직 끝나지도 않았는데, 지치지도 않는가 보다. 국정현안은 뒤로 하고 야당은 야당대로 내홍(內訌)이고, 여당은 당정청 간에 갈등이 심화되고 있다. 그 원인은 내년 총선을 겨냥한 계파간의 주도권 다툼이라는데, 그들은 왜 늘 이 모두가 국민의 뜻이라 할까.

2015.07.03

득도다조
得道多助

'도(道)에 맞으면 많은 사람이 돕는다'라는 뜻으로, '옳은 일을 하면 돕는 사람이 자연히 많아짐'을 비유한다. '맹자(孟子)'의 '공손추(公孫丑)하'편에서 유래했다.

하늘의 때가 좋아도 지리지형이 유리한 것보다 못하고, 지리지형이 유리해도 사람이 인화 단결하는 것만 못하다(天時不如地利, 地利不如人和). 둘레가 3리 되는 내성곽에 둘레가 7리 되는 외성곽을 가진 작은 성을 에워싸고 공격하여도 이길 수 없다(三里之城, 七里之郭, 環而攻之而不勝). 성을 에워싸고 공격하다보면 천시를 얻을 때도 있는데 이길 수 없는 것은(夫環而攻之, 必有得天時者矣, 然而不勝者) 바로 천시가 좋아도 지리지형이 유리한 것보다 못하기 때문이다(是天時不如地利也). 성이 높지 않은 것도 아니고 해자가 깊지 않은 것도 아니며, 무기와 장비가 견고하고 날카롭지 않은 것도 아니고 식량이 적은 것도 아닌데 성을 버리고 도망가는 것은(城非不高也, 池非不深也, 兵革非不堅利也, 米粟非不多也, 委而去之), 바로 지리지형이 유리해도 인화 단결만 못하기 때문이다(是地利不如人和也). 그래서 "국경을 막는다고 백성을 묶어둘 수 있는 것도 아니고, 험준한 산과 계곡으로 나라를 굳건히 지킬 수 있는 것도 아니며, 무기와 장비의 예리함으로 천하를 위협할 수 있는 것도 아니다(域民不以封疆之界, 固國不以山谿之險, 威天下不以兵革之利)"라고 말한다. 도에 맞는 사람은 돕는 사람이 많고, 도에 어긋나는 사람은 돕는 사람이 적다(得道者多助, 失道者寡助). 돕는 사람이 없어지다 보면 끝에 가서는 친척마저 배반하게 되고(寡助之至, 親戚畔之), 돕는 사람이 점점 많아지게 되면 결국 천하의 모든 사람이 따르게 된다(多助之至, 天下順之).

올해는 보편적인 정의(正義)가 실현되는 한 해가 되었으면 한다. 올해도 경제전망이 암울하고, 주변정세도 불안하다고 한다. 이런 때일수록 모두가 인화(人和) 단결(團結)해야 어려움을 극복할 수 있다. 인화(人和)를 위해서는 먼저 서로를 이해하여야 하므로, 소통이 우선되어야 하지 않을까.

2015.01.02

등고자비
登高自卑

'높은 곳에 오르려면 낮은 곳부터 시작해야 한다'라는 뜻으로, '일을 순서대로 차례차례 해야 함'을 비유한다. 때로는 '지위가 높아질수록 스스로 자신을 낮춰야 함'이라는 뜻으로 풀이하기도 한다. '중용(中庸)'에서 유래했다. '행원자이(行遠自邇, 먼 곳을 가려면 가까운 곳부터 시작해야 함)'라는 성어도 함께 보인다.

> 군자가 중용의 도를 행할 때에는, 마치 먼 길을 갈 때처럼 반드시 가까운 곳에서 시작해야 하고, 높은 산에 오를 때처럼 반드시 낮은 곳에서 시작해야 한다(君子之道, 辟如行遠必自邇, 辟如登高必自卑). '시경(詩經)'에 "처와 아이들이 화목하여, 마치 거문고 연주하는 소리처럼 조화롭구나(妻子好合, 如鼓瑟琴). 형제간에 화합하니 화목하고 즐겁구나(兄弟旣翕, 和樂且耽). 화목하구나, 온 가족이(宜爾室家). 즐겁구나, 처와 아이들이(樂爾妻帑)"라는 시구가 있다. '공자'가 말했다. "이렇게 되면, 부모님이 흡족해하시겠구나(父母其順矣乎)."

며칠 전에 또 어처구니없는 사고가 생겼다. '세월호' 참사 때만 해도 무엇인가 바로 큰 변화가 일어날 것 같았는데, 별로 달라진 것이 없다. 도대체 얼마나 많은 사람들이 생명을 잃어야 경각심을 갖고 '안전불감증'에서 벗어날 수 있을까. 답은 없다. 기본부터 하나하나 차근차근 다시 시작해야 한다. 그동안 성장위주의 정책으로 고도의 성장은 이뤄냈지만, 기본이 부실하다. 요즘 도처에서 발생하고 있는 '싱크홀'처럼 언제 발밑이 꺼져 땅속으로 흔적도 없이 사라질지 모르겠다. 우리나라는 현재 전 분야에 걸쳐 구멍이 나서 갑자기 침몰할지도 모른다. 후쿠시마 원전 사고를 보고도 원전비리가 끊이지 않고, 비리나 부정이 절대로 생겨서는 안 되는 국방 분야에서도 예외가 아니다. 최근 '마피아'란 말을 더하여 만든 신조어만 봐도 우리의 현주소를 알 수 있다. 해피아(해수부), 모피아(재무부), 금피아(금융감독원), 특피아(특허청), 철피아(철도), 관피아(관료), 연피아(연구원), 공피아(공정거래위), 군피아(군대) 등 이게 말이나 되나.

2014.10.24

망개삼면
網開三面

‘짐승을 잡기 위해 그물을 사방으로 쳐 놓았는데, 그 중에서 세 개 면을 터놓다’라는 뜻으로, ‘백성을 어질고 너그럽게 대하는 마음씨’를 비유한다. ‘망개일면(網開一面, 사방으로 쳐 놓은 그물에서 한 면을 터놓다)’이라고도 한다. ‘사기(史記)’의 ‘은본기(殷本紀)’에서 유래했다.

상(商)나라 ‘탕(湯)’ 임금이 사냥하러 나갔다가, 사냥꾼들이 들판에 사방으로 그물을 쳐놓고 “사방팔방의 모든 짐승들이 저희 그물에 걸리게 해주십시오”라고 기도하는 모습을 보았다(湯出, 見野張網四面, 祝曰, “自天下四方皆入吾網).” ‘탕’ 임금이 말했다. “아! 이렇게 사냥하면 모든 짐승이 사라지지 않겠는가!(嘻, 盡之矣)” 그러고 나서 ‘탕’ 임금은 사방으로 쳐 놓은 그물 중에서 세 면에 있는 그물을 제거하게 하고는, 하늘에 기도하였다(乃去其三面, 祝曰). “왼쪽으로 도망가려고 하는 짐승은 왼쪽으로 도망가게하고, 오른쪽으로 도망가려고 하는 짐승은 오른쪽으로 도망가게 해주십시오(欲左, 左. 欲右, 右). 오로지 천명을 따르지 않는 짐승들만 제 그물에 걸리게 해주십시오(不用命, 乃入吾網).” 제후들이 ‘탕’ 임금의 이 기도를 듣고 말하였다(諸侯聞之, 曰). “탕 임금은 은덕이 대단하여, 그 은덕이 짐승에게까지 미치는구나(湯德至矣, 及禽獸).”

지난 2월26일에 정부가 내놓은 '서민 중산층 주거안정을 위한 주택임대차시장 선진화 방안'으로 주택시장이 뒤숭숭하다. 정부는 본래 서민을 위해 이 방안을 내놓았는데, 오히려 전월세가 폭등하여 세입자의 부담이 더 커지게 될 수도 있고, 대다수 영세임대인들이 건강보험료 폭탄을 맞을 수도 있게 되었다고 한다. 특히 최근 활성화 조짐이 보이던 주택시장까지 영향을 주어 다시 위축되고 있는 실정이라고 한다. 물론 정부가 세수(稅收)를 더 확보하고 서민들에게도 혜택이 돌아가는 제도개혁도 중요하고 또 해야만 한다. 하지만 우리는 좀 더 여유를 가지고, 너무 촘촘한 그물보다는 좀 성긴 그물로 적당히 큰 물고기를 잡아야 하지 않을까.

2014.03.14

매독환주
買櫝還珠

"(화려하게 포장된 나무상자에 눈이 팔려) 나무상자만 사고 (정작 손에 들어온) 진주는 돌려준다"는 뜻으로 '중요한 것과 중요하지 않은 것을 구별하지 못함'을 비유한다. '한비자(韓非子)'의 '외저설(外儲說)'좌상(左上)편에서 유래했다.

어떤 초나라 사람이 정나라에 가서 진주를 팔려고 하였다(楚人有賣其珠於鄭者). (그는 진주가 잘 팔릴 수 있도록) '목란'으로 진주를 담을 상자를 만들고 '계초'라는 향료로 상자에 향내가 배도록 하였고(爲木蘭之櫃, 薰以桂椒), 상자에 구슬과 옥을 달고 붉은색 옥과 비취로 장식했다(綴以珠玉, 飾以玫瑰, 輯以翡翠). 어떤 정나라 사람이 (이 물건을 샀는데) 그는 상자만 사고 상자 속에 있는 진주는 돌려주었다(鄭人買其櫝而還其珠). 이 초나라 사람은 상자를 잘 판다고 말할 수는 있어도, 진주를 잘 판다고 말할 수는 없다(此可謂善賣櫝矣, 未可謂善鬻珠也).

요즘 하반기 취업시즌이다. 지난 8월말에 발표한 '2013년 고등교육기관 졸업자 건강보험DB연계 취업통계'에 따르면 대졸자 평균 취업률은 전년보다 0.2%포인트 하락한 59.3%라고 한다. 최근 세계적으로 경기가 불황이라 '취업난'이 더욱 심해져, '취업대란'에 '입사전쟁'이라고까지 표현한다. 그 원인은 여러 가지가 있는데, 일단 부족한 일자리이며, 졸업생들의 눈높이, 직업에 대한 사회적인 편견과 풍토 등 아주 복잡하다. 이러한 근원적인 문제를 정부는 다양한 각도에서 풀려고 하는 노력보다는 취업률을 대학평가지표로 삼아 졸업생들이 취업하지 못하는 이유를 전적으로 대학에게만 책임을 묻고 있는 형편이다. 우리가 '취업률'이라는 외형적인 숫자놀음에 꼭두각시 춤을 추고 있는 동안, 마치 껍데기만 신경 쓰다가 정작 중요한 것들을 놓치는 것과 같은 우(愚)를 범하고 있는 것은 아닌지.

2013.10.18

맹인모상
盲人摸象

‘장님이 코끼리를 손으로 더듬다’라는 뜻으로, ‘문제나 상황을 전체적으로 관찰하지 못하고 일면만을 보고 결론내리는 것’을 비유한다. ‘대반열반경(大般涅槃經)’ 32권에서 유래했다.

어떤 왕이 대신들에게 고했다(有王告一大臣). “여러분 코끼리 한 마리 끌고 와서 맹인에게 보여주시오(汝牽一象, 以示盲者).” 그때 대신들은 왕의 명령을 받고 많은 맹인을 불러 모아 코끼리를 보여주었다(爾時大臣受王敕已, 多集衆盲以象示之). 이때 여러 맹인들은 각각 손으로 코끼리를 만져보았다(時彼衆盲, 各以手觸). 대신이 바로 돌아와 왕에게 말했다(大臣卽還, 而白王言). “보여줬습니다(臣已示竟).” 그러자 대왕은 즉시 맹인들을 한명씩 불러 물어보았다(爾時大王卽呼衆盲, 各各問言). “너는 코끼리를 보았느냐?(汝見象耶)” 여러 맹인들은 각각 말했다. “저는 이미 보았습니다(我已得見).” 왕이 말했다. “코끼리는 어떻게 생겼느냐?(象爲何類)” 상아를 만진 맹인은 즉시 말했다(其觸牙者卽言). “무처럼 생겼습니다(象形如萊茯根).” 코끼리 귀를 만진 맹인은 말했다(其觸耳者言). “삼태기처럼 생겼습니다(象如箕).” 코끼리 머리를 만진 맹인은 말했다(其觸頭者言). “바위처럼 생겼습니다(象如石).” 코끼리 코를 만진 맹인은 말했다(其觸鼻者言). “절굿공이처럼 생겼습니다(象如杵).” 코끼리 다리를 만진 맹인은 말했다(其觸脚者言). “절구처럼 생겼습니다(象如木臼).” 코끼리

등을 만진 맹인은 말했다(其觸脊者言). "침대처럼 생겼습니다(象如床)." 코끼리 배를 만진 맹인은 말했다(其觸腹者言). "장독처럼 생겼습니다(象如甕)." 코끼리의 꼬리를 만진 맹인은 말했다(其觸尾者言). "밧줄처럼 생겼습니다(象如繩)."

요즘 한일 간에 'forced to work'라는 영어표현에 대해 말이 많다. 각각 자기 입장에서 유리한 부분만 가지고 전체를 말하고 있는 듯하다. 우리 정부는 우리 외교의 승리라고 하지만, 일본 정부는 '강제노동'이라는 뜻은 아니라고 강변했다. 한일 외교부 모두가 비난을 피할 수 있는 핑계거리만을 찾았던 것은 아닐까. 우리가 일본의 꼼수에 말려든 것 같지만, 성패는 두고 볼일이다.

2015.07.10

명불허전
名不虛傳

'명성은 허황되게 전해지지 않는다'라는 뜻으로 '이름날만한 까닭이 있음' 또는 '이름과 실상이 꼭 맞음'을 비유한다. 본래는 '명불허립(名不虛立)'이라고 했으며, 또 '명불허득(名不虛得)'이라고도 한다. '사기(史記)'의 '유협(遊俠)'열전에서 유래했다.

전국시대 '연릉계자', '맹상군', '춘신군', '평원군', '신릉군' 등은 모두 군왕의 친족으로 봉읍과 넉넉한 재산으로 천하의 인재를 끌어 모아, 제후들 사이에서 그 이름이 널리 알려졌다(近世延陵, 孟嘗, 春申, 平原, 信陵之徒, 皆因王者親屬, 藉於有土卿相之富厚, 招天下賢者, 顯名諸侯). 물론 이들이 현명하지 않다고 말할 수는 없지만, 이들의 명성은 마치 바람이 부는 방향으로 소리를 지르는 것과 같이 소리를 더 크게 내지 않아도 그 기세가 대단하다(不可謂不賢者矣, 比如順風而呼, 聲非加疾, 其勢激也). 그렇지만 시정(市井)의 협객들 같은 경우에는, 그들이 인품과 명예가 천하에 퍼지고, 모두가 칭찬하게 되기까지는 매우 어려운 일이다(至如閭巷之俠, 修行砥名, 聲施於天下, 莫不稱賢, 是爲難耳). 그런데 유가와 묵가는 이들을 배척하여 그들의 서적에 기록하지 않았다(然儒墨皆排擯不載). 진나라 이전부터 시정의 협객에 대한 기록은 인멸되어 보이지 않는데, 나는 심히 유감스럽게 생각한다(自秦以前, 匹夫之俠, 湮滅不見, 余甚恨之). ……그들은 비록 때때로 당시의 법망에 저촉됐지만 개개인의 품성은 청렴하고 양보할 줄 알아 칭찬할 만한 부분이 있었다(雖時捍當世之文罔, 然其私義廉絜退讓, 有足稱者). 그들의 명성은 결코 거짓으로 이루어진 것도 아니고, 선비들도 까닭 없이 그들을 따랐던 것도 아니다(名不虛立, 士不虛附).

명성과 평판은 본래 거짓이 없어야 되는데, 요즘은 다양한 광고기법과 세뇌하는 방법으로 사람의 눈과 귀를 현혹한다. 그럼에도 불구하고 우리는 진흙 속에 묻혀 있는 이름 없는 진정한 일꾼을 찾아내야 한다. 요즘 우리에게 꼭 필요한 것은 참과 거짓을 구분할 수 있는 혜안(慧眼)이 아닌지.

2014.05.30

명찰추호
明察秋毫

'아주 가는 짐승 털까지도 똑똑히 잘 볼 수 있다'는 뜻으로, '눈이 밝고 예리하여 미세한 것까지도 잘 살필 수 있음'을 비유한다. '맹자(孟子)'의 '양혜왕(梁惠王)상(上)'편에서 유래했다.

제(齊)나라 '선왕(宣王)'이 웃으며 말했다. "제가 제물을 소에서 양으로 바꿨는데, 왜일까요?(是誠何心哉) 저는 인색하지 않은데(我非愛其財), 소를 양으로 바꾼 것을 보고 백성들이 저를 인색하다고 생각하는 것도 어찌 보면 당연합니다(而易之以羊也, 宜乎百姓之謂我愛也)." '맹자'가 말씀하셨다. "괜찮습니다(無傷也). 이것이 바로 인정(仁政)을 행하는 방법입니다(是乃仁術也). 소는 봤고 양은 보지 못했기 때문(에 양으로 제물을 바꾼 것)입니다(見牛未見羊也). 군자는 짐승을 대함에 있어 살아 있는 것은 보지만 죽는 것은 차마 보지 못하고(君子之於禽獸也, 見其生, 不忍見其死), 짐승의 울음소리를 듣고는 그 고기를 차마 먹지 못합니다(聞其聲, 不忍食其肉). 이 때문에 군자는 푸줏간을 멀리합니다(是以君子遠庖廚也)." 왕이 말했다. "…… 제가 이렇게 행동하고 돌이켜 생각해봐도 제 마음을 알 수 없었는데(夫我乃行之, 反而求之, 不得吾心), 선생께서 이렇게 말씀하시니 공감이 가는군요(夫子言之, 於我心有戚戚焉). 이런 마음이 왕도(王道)에 부합되는 이유는 무엇인가요?(此心之所以合於王者, 何也)" '맹자'가 답했다. "어떤 사람이 왕께 '저는 3,000근은 들 수 있으나 깃털 하나는 들지 못합니다(吾力足以擧百鈞, 而不足以擧一羽). 미세한 것은 똑똑히 볼 수 있지만 수레에 가득 실린 땔나무는 보이지 않습니다(明足以察秋毫之末, 而不見輿薪)'라고 한다면, 믿을 수 있겠습니까?" 왕이 아니라고 답했다. '맹자'가 말씀하셨다. "이제 대왕의 은덕이 짐승에게는 미치는데, 백성에게는 미치지 못하는 것은 왜일까요?(今恩足以及禽獸, 而功不至於百姓者, 獨何與) 제가 보기에 깃털을 들지 못하는 것은 힘을 쓰지 않기 때문이고(然則一羽之不擧, 爲不用力焉), 수레에 가득 실린 땔나무를 보지 못하는 것은 보려하지 않기 때문이며(輿薪之不見, 爲不用明焉), 백성이 보호받지 못하는 것은 은혜를 베풀지 않기 때문입니다(百姓之不見保, 爲不用恩焉). ……"

연말에 경기도 좋지 않고 날씨까지 추워지니, 그늘진 곳은 더 춥다. 위정자들이 '명찰추호'하여 그늘진 곳까지도 따뜻한 봄볕이 들면 좋겠다. 올 2월 국민기초생활수급자인 세 모녀가 힘들게 살다가, 남에게 폐가 될까봐 마지막 집세와 공과금 70만원이 든 봉투에 '죄송하다'는 말을 남기고 세상을 떠났다. 그 후 이에 대한 대책을 위해 꾸준히 노력하여 '세모녀법'이 통과됐다고 하는데 개악이라고 하니, 안 하는 것인지 못 하는 것인지.

2014.12.05

무가내하
無可奈何

'어찌할 수가 없다'는 뜻으로 '아무런 방법이 없음'을 비유한다. 우리나라에서는 '막무가내(莫無可奈)'라고도 하며, '어찌할 수 없을 정도로 무리하게 억지를 부리다'는 뜻으로 의미가 변했다. '전국책(戰國策)'의 '연책(燕策)'에서 유래했다.

'형가'는 태자가 차마 말하지 못할 것을 알고, 바로 몰래 '번오기'를 만나 말했다(荊軻知太子不忍, 乃遂私見樊於期曰). "진나라가 번 장군을 매우 가혹하게 탄압하고 있습니다(秦之遇將軍, 可謂深矣). 장군의 부모와 종족은 모두 살해되거나 노예가 되었습니다(父母宗族, 皆爲戮沒). 지금 진나라는 장군의 목에 황금 천근과 만호나 되는 '봉읍'을 현상금으로 걸었다고 하는데, 장차 어찌하시겠습니까?(今聞購將軍之首, 金千斤, 邑萬家, 將奈何)" '번오기'는 하늘을 쳐다보며 탄식하고 눈물을 흘리며 말했다(樊將軍仰天太息流涕曰). "저는 이를 생각할 때마다 한이 골수에 사무치지만 아무런 해결방법이 없습니다(吾每念, 常痛於骨髓, 顧計不知所出耳)." '형가'가 말했다. "제게 연나라의 우환을 제거하고, 장군께서 복수할 수 있는 방법이 있는데, 어떻게 하시겠습니까?(今有一言, 可以解燕國之患, 而報將軍之讎者, 何如)" '번오기'가 앞으로 다가와 말했다(樊於期乃前曰). "어떻게 하면 되지요?(爲之奈何)" '형가'가 말했다. "장군의 머리를 진나라에 바치려고 합니다(願得將軍之首以獻秦). 진나라 왕은 틀림없이 기뻐하며 저를 만나려고 할 것입니다(秦王必喜而善見臣). 이 때 저는 왼손으로 진나라 왕의 옷깃을 잡아당기고 오른손으로는 비수로 그의 가슴을 찌르려고 합니다(臣左手拔其袖, 而右手揕抗其胸). 그렇게 되면 장군은 복수를 하는 것이고, 연나라는 진나라에 설욕하게 되는 것입니다(然則將軍之仇報, 而燕國見陵之恥除矣). 장군의 뜻은 어떻신지요?(將軍豈有意輿)" '번오기'는 '형가'의 뜻에 동의하며 흥분하여 다가와 말했다(樊於期偏袒扼腕而進曰). "저는 늘 이것 때문에 절치부심했는데, 오늘에야 답을 얻었습니다(此臣日夜切齒拊心也, 乃今得聞教)." 그는 말을 마치고 바로 자결했다(遂自刎). 태자가 이 소식을 듣고 달려와 시체에 엎드려 대성통곡했다(太子聞之馳往, 伏尸而哭, 極哀). 그러나 이미 끝난 일이라, 어쩔 도리가 없었다(旣已, 無可奈何). 그는 번오기의 머리를 수습하여 상자에 넣어 봉했다(乃遂收盛樊於期之首, 函封之).

이를 어찌해야 하나. 눈앞에서 사라져가도 손도 못 쓰고. 가슴이 아프다. 답답하다. 채 피지도 못한 아이들이라 더욱 슬프다.

2014.04.25

무용지용
無用之用

'쓸모없는 것의 용도'라는 뜻으로, '언뜻 보아 쓸모없어 보이는 것도 도움이 된다는 것'을 비유한다. '장자(莊子)'의 '인간세(人間世)'에서 유래했다.

'남백자기(南伯子綦)'가 '상구(商丘)'에서 노닐다가 커다란 나무를 보았는데 특이하였다(見大木焉有異). 이 나무는 말 네 마리가 끄는 전차도 천 대나 그 나무 그늘에 숨길 수 있을 정도로 컸다(結駟千乘, 隱將芘其所藾). '남백자기'가 말했다. "이 나무는 무슨 나무인가?(此何木也哉) 이 나무는 대단한 목재임에 틀림없다!(此必有異材夫)" 그는 고개를 들어 그 나뭇가지를 보니 구불구불하여 기둥이나 들보로도 사용할 수 없고(仰而視其細枝, 則拳曲而不可以爲棟梁), 고개를 숙여 나무뿌리를 보니 가운데가 갈라져 있어 관(棺)으로도 쓸 수가 없었다(俯而見其大根, 則軸解而不可爲棺槨). 게다가 그 나뭇잎을 혀로 핥아보니 입이 헐고 생채기가 나고(咶其葉, 則口爛而爲傷), 냄새를 맡으면 그 냄새에 취해서 3일 동안 깨어나질 못했다(嗅之, 則使人狂酲三日而不已). '남백자기'가 말했다. "이 나무는 정말로 쓸모없는 나무라서 이렇게 거대하게 자랐구나(此果不材之木也, 以至於此其大也)."………산에 있는 나무는 쓸모가 있어 벌목을 자초하고, 기름의 불은 기름을 태워 빛은 발하지만 스스로 꺼져간다(山木自寇也, 膏火自煎也). 계피나무는 껍질을 먹을 수 있어 벌목당하고(桂可食,

故伐之), 옻나무는 칠할 수 있어 껍질에 생채기가 난다(漆可用, 故割之). 사람들은 모두 쓸모 있는 것의 용도는 알지만, 쓸데없는 것의 용도는 모른다(人皆知有用之用, 而莫知無用之用也).

보통 우리는 아이들이 공부하지 않고 쉬거나 다른 일을 하려고 하면, 쓸데없는 짓 하지 말고 공부나 하라고 한다. 이 아이가 하려고 하는 일이 정말로 쓸데없는 짓이라고 확신할 수 있는가. 오히려 '블루오션'을 개척할 기회를 빼앗는 것은 아닌지. 과연 오직 학교성적만이 모든 사람에게 가치 있는 일인가. 취업난이 극심한 요즘 발상의 전환이 필요하지 않을까.

2013.12.20

묵적지수
墨翟之守

'묵적의 지킴'이라는 뜻이다. '묵적'은 '묵자(墨子)'의 본명이다. 그는 성(城)을 잘 지켰다고 하여, '자기 의견이나 생각, 또는 옛날 습관을 굳게 지킴'을 비유한다. '묵수(墨守)'라고도 한다. '묵자'의 '공수(公輸)'편에서 유래했다. '공수반(公輸盤)'은 중국 춘추전국시대 노(魯)나라 사람으로 '노반(魯班)'이라고도 한다. 그는 초(楚)나라 왕을 위해 '운제(雲梯)'라는 성을 공략하는 사다리를 만들어, 송(宋)나라를 공격하려 하였다. 이 소문을 듣고 '묵자'는 초나라 왕과 '공수반'을 설득하여 송나라를 공격하지 못하도록 하였다.

'묵자'가 허리띠를 풀러 성 모양으로 만들고, 나무 조각을 '운제'로 삼았다(子墨子解帶爲城, 以牒爲械). '공수반'은 '운제'를 바꾸며 9 차례나 공격했지만, '묵자'는 모두 막아냈다(公輸盤九設攻城之機變, 子墨子九距之). '공수반'은 모든 '운제'와 책략을 다 소진했지만, '묵자'는 여전히 방어에 여유가 있었다(公輸盤之攻械盡, 子墨子之守圉有餘). '공수반'은 지고 나서(公輸盤詘) '묵자'에게 말했다. "나는 당신을 막을 방법을 알고 있지만, 말하지 않겠소(吾知所以距子矣, 吾不言)." '묵자'도 말했다. "나도 당신이 나를 막을 방법을 알고 있지만, 말하지 않겠소(吾知子之所以距我, 吾不言)." 초나라 왕이 그 이유를 물었다(楚王問其故). '묵자'가 말했다. "공손 선생의 생각은 저를 죽여 없애는 것에 불과합니다(公輸子之意, 不過欲殺

臣). 저를 죽이면 송나라는 방어능력이 없으니 공격할 수 있다는 말입니다(殺臣, 宋莫能守, 可攻也). 그러나 저의 제자 '금골리(禽滑釐)' 등 300명이 이미 저의 방어용 기계를 가지고, 송나라 성위에서 초나라 군대를 기다리고 있습니다(然臣之弟子禽滑釐等三百人, 已持臣守圉之器, 在宋城上而待楚寇矣). 비록 저를 죽인다고 해도, 제자 모두를 죽일 수는 없습니다(雖殺臣, 不能絶也)." 초나라 왕이 말했다. "좋소!(善哉) 내 송나라를 치지 않겠소(吾請無攻宋矣)."

MERS(중동호흡기증후군)가 뭔지. 초기대응에 실패하고 방역체계에 문제가 있어, '방역망'이 이리저리 찢기고 있다. 최근 수많은 비리로 만신창이가 된 국방이 어떻게 될지, 예고편을 보는 듯 섬뜩하다. 지금 시대가 필요한 철인은 '묵자'가 아닐까.

2015.06.05

방휼지쟁
蚌鷸之爭

'조개와 도요새의 다툼'이라는 뜻으로, '두 세력이 매우 심하게 다투다가 결국은 제삼자가 득을 보게 되는 경우'를 비유한다. '어부지리(漁父之利)'라고도 하며, 유사한 말로 '견토지쟁(犬兎之爭)'도 있다. '전국책(戰國策)'의 '연책(燕策)'에서 유래했다.

조(趙)나라가 연(燕)나라를 치려고 하자, '소대(蘇代)'가 연나라를 위하여 조나라의 '혜왕(惠王)'에게 말했다. "오늘 제가 조나라로 오다가 '역수(易水)'를 건너는데, 다음과 같은 광경을 봤습니다. 조개가 마침 물가에서 햇볕을 쬐려고 껍데기를 벌리고 있었는데, 도요새가 조개껍데기 안의 살을 부리로 쪼자 조개는 껍데기로 도요새의 부리를 꼭 물고 놓아주지 않았습니다(蚌方出曝, 而鷸啄其肉, 蚌合而鉗其喙). 도요새가 말했습니다. '오늘도 비가 오지 않고 내일도 비가 오지 않으면, 너는 곧 말라죽을 것이다(今日不雨, 明日不雨, 卽有死蚌).' 조개도 도요새에게 말했습니다. '오늘도 부리를 빼지 못하고 내일도 부리를 빼지 못하면, 너는 머지않아 굶어 죽고 말 것이다(今日不出, 明日不出, 卽有死鷸).' 이렇게 조개와 도요새는 서로 물고 놓지 않고 버티고 있다가, 결국 어부에게 모두 포획 당했습니다(兩者不肯舍, 漁者得而幷禽之). 지금 조나라가 연나라를 쳐서 두 나라가 오랫동안 서로 대치하게 되면, 백성들에게 큰 폐가 됩니다(今趙且伐燕, 燕趙久相支, 以弊大衆). 저는 강한 진(秦)나라가 이렇게 어부처럼 이

득을 취하게 될까 두려우니(臣恐强秦之爲漁父也), 왕께서는 연나라를 공격하는 것에 대해 깊게 생각해보시기 바랍니다(故願王之熟計之也)." 조나라 '혜왕'이 "옳다"고 말하고, '연나라'를 공격하지 않았다.

며칠 전 드디어 우리나라도 쇼트트랙에서 금메달을 땄다. 쇼트트랙 종목은 경기마다 가슴을 졸이며 보게 된다. 일등으로 달리다가도 다른 선수 때문에 넘어져서, 모든 노력이 물거품이 되기도 하기 때문이다. 실제로 여자 500m 결승에서 일등으로 달리던 박승희 선수가 뒤에서 넘어지는 선수에게 걸려 넘어져서, 4위로 달리던 중국 선수가 '어부지리'로 금메달을 땄다. 지나치게 경쟁하면 모두 망한다는 교훈을 주는 것인지, 사행심을 조장하는 것인지. 쯧.

2014.02.21

백구과극
白駒過隙

'흰말이 문틈 앞을 지나가다'라는 뜻으로, '눈 깜짝할 사이, 인생이나 세월이 덧없이 짧음'을 비유한다. '장자(莊子)'의 '지북유(知北遊)' 편에서 유래했다.

사람이 세상에 사는 것은 마치 흰 말이 지나가는 것을 좁은 문틈으로 보는 순간처럼 순식간이다(人生天地之間, 若白駒之過郤, 忽然而已). 모든 사물은 물이 솟아오르듯 생겼다가(注然勃然, 莫不出焉) 물이 흐르듯 자연스럽게 사라져버린다(油然漻然, 莫不入焉). 사물은 모두 자연의 변화에 따라 생겨났다가 또 자연의 변화에 따라 죽는다(已化而生, 又化而死). 모든 생명체는 이를 슬퍼하고, 사람들도 이를 슬프게 여긴다(生物哀之, 人類悲之). 죽음이란 활집이나 칼집을 풀어 던져버리듯 아무 것에도 얽매임이 없이, 혼백이 떠나면 육신도 혼백을 따르는데, 이를 근본으로 돌아간다는 뜻에서 '대귀'라고 한다(解其天弢, 墮其天帙, 紛乎宛乎, 魂魄將往, 乃身從之, 乃大歸乎). 형체는 없다가도 생겨나고, 있다가도 사라진다는 사실은 모든 사람들이 알고 있는 바이다(不形之形, 形之不形, 是人之所同知也). 이 이치는 결코 힘써 추구해야 할 '도'는 아니지만, 사람들이 함께 논의해 볼만하다(非將至之所務也, 此衆人之所同論也). '도'에 이른 사람은 이를 논하지 않으며, 이를 논하는 사람은 진정한 '도'에 이르지 못한 것이다(彼至則不論, 論則不至).

요즘 순천의 한 매실 밭에서 발견된 변사체의 신원에 대해서 의견이 분분하다. 그래서 그런지 여러 가지 의혹과 가설들이 쏟아지고 있다. 거의 교주와도 같은 인물인데 노숙자의 모습으로 남의 땅에서 주검으로 발견됐다니 참 믿기 어렵고, 인생무상을 느낀다. 100년도 못 살면서 평생 쓰지도 못할 재산을 모으고, 황제처럼 군림하다가 제명대로 살지도 못하고 객사했다고 한다. 참으로 미심쩍다. 하지만 정말로 그의 혼백이 세상을 떠났다면, 그는 세상에 만신창이가 된 작은 육신 하나만 남기고 혼자만의 자유를 얻은 건 아닐까.

2014.07.25

백락상마
伯樂相馬

'백락이 말을 잘 보고 고르다'라는 뜻으로, '훌륭한 인재를 잘 알아보고 등용하는 것'을 비유한다. '한유(韓愈)'가 쓴 '잡설(雜說)' 네 편이 있는데, 그 중에서 네 번째 '잡설'인 '마설(馬說)'에서 유래했다.

'백락'이 있은 다음에야 천리마가 존재한다(世有伯樂, 然後有千里馬). 천리마는 항상 있지만 '백락'은 항상 존재하는 것은 아니다(千里馬常有, 而伯樂不常有). 그래서 비록 명마라고 하더라도 하찮은 사람의 손에서 수모를 당하고 평범한 말과 함께 마구간에서 죽게 되면, 천리마라고 불리지 못한다(故雖有名馬, 祇辱於奴隸人之手, 駢死於槽櫪之間, 不以千里稱也). 천리마는 경우에 따라 한 끼에 곡식 한 섬을 먹기도 한다(馬之千里者, 一食或盡粟一石). 말을 키우는 사람이 천리마인지 모르고 먹이면(食馬者, 不知其能千里而食也) 이 말은 천리를 달릴 수 있는 능력이 있다고 하더라도 배불리 먹지 못해 힘이 달려 그 재능이 겉으로 드러나지 않는다(是馬也, 雖有千里之能, 食不飽, 力不足, 才美不外見). 이렇게 되면 천리마는 보통 말처럼 달리려 해도 그럴 수 없는데, 어떻게 천리를 달릴 수 있기를 바라겠는가?(且欲與常馬等不可得, 安求其能千里也) 천리마를 다루는 방법으로 채찍질을 하지도 않고 먹이지도 않으니 천리마가 가진 본래의 재능을 다할 수 없고, 천리마가 울어도 그 뜻을 알 수 없다(策之不以其道, 食之不能盡其才, 鳴之而不能通其意). 이렇게 천리마를 다루면서, 채찍을 잡고 말에 다가가 말한다(執策而臨之曰). "세상에는 천리마가 없구나!(天下無馬)" 아, 정말로 천리마가 없는 것인가?(其眞無馬邪) 사실은 천리마를 알아보지 못하는 것이다(其眞不知馬也).

2014년 갑오(甲午)년 말의 해를 맞아, 많은 인재들이 천리마처럼 각 분야에서 힘차게 도약하길 기원한다. 그런데 사회 각 분야에서는 인재가 부족하다고 난리이다. 과연 인재가 없는 것인지, 인재를 찾아내지 못하는 것인지. 아직도 '백락'이라는 한 사람에게 의존하는 경우도 있는데, 이보다는 공평무사하고 치밀한 '인재발굴시스템'이 필요하지 않을까.

2014.01.03

백발백중
百發百中

'백 번 쏘아 백 번 맞힌다'는 뜻으로, '총이나 활로 쏠 때마다 겨눈 곳에 다 맞음' 혹은 '무슨 일이나 틀림없이 잘 들어맞음'을 비유한다. '전국책(戰國策)'의 '서주책(西周策)'에서 유래했다.

'소려(蘇厲)'가 주(周)나라 왕에게 말했다. "……'백기(白起)'라는 진(秦)나라 장수가 위(魏)나라 도성인 '대량(大梁)'을 치려하는데, '대량'이 함락되면 주나라가 위험하니 이를 막는 것이 좋겠습니다(……今攻梁, 梁必破, 破則周危, 君不若止之)." 주나라 왕이 '소려'를 '백기'에게 보냈다. '소려'가 '백기'에게 말했다. "초나라에 '양유기'라는 사람이 있었는데 활을 잘 쐈습니다(楚有養由基者, 善射). 버드나무에서 100보나 떨어진 거리에서 그 잎을 쐈는데 백발백중이었습니다(去柳葉者百步而射之, 百發百中). 주위 사람들이 모두 '잘 쏜다'고 했습니다. 그런데 한 과객이 말했습니다. '활을 잘 쏩니다만 가르칠 만한 것이 있습니다(善射, 可教射也矣).' '양유기'가 말했다. '다른 사람들은 모두 내가 잘 쏜다고 하는데 당신은 가르칠 만한 것이 있다고 하니, 당신이 한 번 직접 쏴보시죠(人皆善, 子乃曰可教射, 子何不代我射之也).' 과객이 말했다. '저는 당신에게 왼쪽 팔을 펴고 오른쪽 팔을 구부리는 활쏘는 기술은 가르칠 수 없습니다(我不能教子支左屈右). 지금 당신은 버드나무 잎을 화살로 백발백중시키지만 만일 잘 쉬지 않는다면, 바로 힘이 빠지고 피곤해져서 한 발이라도 맞추지 못하게 되면 결국 명성은 사라지게 될 것입니다(夫射柳葉者, 百發百中, 而不已善息, 少焉氣力倦, 弓撥矢鉤, 一發不中, 前功盡矣).' …… 이처럼 그대는 이미 공을 많이 세웠습니다(公之功甚多). 그런데 지금 그대는 진나라 군사를 이끌고 또 원정을 나가서(今公又以秦兵出塞), ……, 한나라를 짓밟고 '대량'으로 공격하다가 한 번이라도 실패한다면 공든 탑이 무너질 수도 있으니, 그대는 병을 핑계로 출정하지 않은 것이 좋을 것 같습니다(踐韓而以攻梁, 一攻而不得, 前功盡滅, 公不若稱病不出也)."

세계양궁연맹이 매번 룰을 바꾸는 등 견제에도 불구하고, 한국은 아시안게임의 8개 양궁종목에서 금메달 5개 등 총 9개의 메달을 따냈다. 백발백중, 가히 신기(神技)라고 할 수 있다. 그러나 우리나라 차세대 전투기인 F35는 구입도 하기 전에 미국공군에서 내린 비행금지 조치만 이미 8번인데, 문제점이 계속 드러나도 계약해지가 어려울 것이라고 한다. 적의 심장부를 백발백중하기는커녕 뜨지도 못할 판이다. 그 이유가 뭘까.

2014.10.03

백전백승
百戰百勝

'백번 싸워 백번 이기다'라는 뜻으로, '싸울 때마다 이김'을 비유한다. '손자병법(孫子兵法)'의 '모공(謀功)'편에서 유래했다.

…… 백번 싸워 백번 이기는 것은 가장 좋은 방법이 아니다(百戰百勝, 非善之善者也). 싸우지 않고 적의 군대를 굴복시키는 것이 가장 좋은 방법이다(不戰而屈人之兵, 善之善者也). ……그래서 용병술이 뛰어난 사람은 적의 군대를 굴복시키지만, 싸우지 않는다(故善用兵者, 屈人之兵, 而非戰也). 적의 성을 함락시키지만, 공격하지 않는다(拔人之城, 而非攻也). 적국을 무너뜨리지만, 오래 끌지 않는다(毁人之國, 而非久也). 반드시 아군을 온전하게 하여 천하의 패권을 다투므로, 군대는 패하지 않고 이점을 온전히 지킬 수 있다(必以全爭于天下, 故兵不頓而利可全). 이것이 전략으로 적을 공격하는 방법이다(此謀攻之法也). ……따라서 승리를 예견할 수 있는 경우가 다섯 가지 있다(故知勝者有五). 싸워야 할지 말아야 할지를 알면 승리한다(知可以戰與不可以戰者勝). 병사가 많고 적음에 따른 용병술을 알면 승리한다(識衆寡之用者勝). 상하가 한마음이면 승리한다(上下同欲者勝). 준비된 군대로 준비되지 않은 적을 맞아 싸우면 승리한다(以虞待不虞者勝). 장군이 유능하고 군주가 간섭하지 않으면 승리한다(將能而君不御者勝). 이 다섯 가지가 승리를 예견할 수 있는 방법이다(此五者, 知勝之道也). ……그러므로 말한다. 상대를 알고 자신을 알

면, 백번 싸워도 위태롭지 않다(知彼知己, 百戰不殆). 상대를 모르고 자신만 알면, 한 번 이기고 한 번 지고 한다(不知彼而知己, 一勝一負). 상대도 모르고 자신도 모르면, 백전백패 한다(不知彼, 不知己, 每戰必敗).

싸우지 않고 이기는 게 상책인데, 이미 MERS와 싸움은 시작됐고 우린 반드시 이겨야 한다. 우리는 MERS를 너무 몰랐고 또한 과소평가했다. 이제 MERS와의 싸움에서 승리할 수 있는 유일한 방법은 온 국민이 한마음 한뜻으로 일치단결하여 싸울 수밖에 없지 않은가.

2015.06.12

북원적초
北轅適楚

'끌채는 북으로 가면서, 남쪽에 있는 초나라로 가려고 한다'라는 뜻으로, '의도하는 바와 행동하는 바가 서로 어긋남'을 비유한다. '남원북철(南轅北轍, 끌채는 남쪽을 향해 가려고 하지만, 바퀴는 북으로 간다)'이라고도 한다. '전국책(戰國策)'의 '위책(魏策)四'편에서 유래했다.

위(魏)나라 왕이 조(趙)나라의 한단(邯鄲)을 공격하려 했다. '계량(季梁)'이 이 말을 듣고, 중도에 돌아와 옷의 주름도 펴지 않고 머리의 먼지도 털지 않은 채(中道而反, 衣焦不申, 頭塵不去) 왕을 찾아가 말했다. "오늘 신이 오다가 '태항산(太行山)'에서 어떤 사람을 만났는데, 북쪽을 향해 마차를 몰면서(方北面而持其駕), 제게 말했습니다. '저는 초(楚)나라에 가려고 합니다.' 그래서 제가 말했습니다. '초나라로 간다면서 왜 북쪽으로 갑니까?(君之楚, 將奚爲北面)' 그는 답했습니다. '이 말은 아주 좋은 말입니다(吾馬良).' 제가 말했습니다. '말이 좋아도 이쪽은 초나라로 가는 길이 아닙니다(馬雖良, 此非楚之路也).' 그는 답했습니다. '저는 돈을 넉넉히 가지고 있습니다(吾用多).' 제가 말했습니다. '돈이 넉넉해도 이쪽은 초나라로 가는 길이 아닙니다.' 그는 답했습니다. '내 마부가 마차를 잘 몹니다(吾御者善).' 제 생각엔, 이런 조건들이 좋을수록 초나라와 더욱 멀어지게 될 뿐입니다(此數者愈善, 而離楚愈遠耳). 지금 왕께서는 패업을 이루어,

천하를 복속시키고 싶어 하십니다(今王動欲成霸業, 欲擧信於天下). 지금 왕께서는 강대한 국가와 정예한 군대를 믿고 '한단'을 공격하여, 땅을 넓히고 명성을 얻으려 하십니다(恃王國之大, 兵之精銳, 而攻邯鄲, 以廣地尊名). 그러나 이런 행동이 잦을수록 왕업에서는 더욱 멀어지게 됩니다(王之動愈數, 而離王愈遠耳). 이것은 초나라로 간다고 하면서 북쪽을 향해 가는 것과 마찬가지입니다(猶至楚而北行也)."

요즘 사드(THAAD)문제로 우리나라가 난처하다. 미국과 중국관계 뿐만 아니라, 내부적으로도 복잡하다. 서로가 체면이나 작은 이득 때문에 본래 의도와 다르게 행동을 하지 않길 바랄 뿐이다. 한미중 삼국 모두 원하는 바가 평화라면, 서로 절충점을 찾지 않겠는가.

2015.03.20

불문곡직
不問曲直

'굽고 곧은 것은 묻지 않다'는 뜻으로, '사리의 옳고 그름을 따져 묻지 않음'을 비유한다. 진(秦)나라 '이사(李斯)'의 '간축객서(諫逐客書, 다른 제후국 출신 관리를 진나라에서 쫓아내는 것에 대해 진시황에게 간언하는 상소문)'에서 유래했다. 본래는 '불문가부, 불론곡직(不問可否, 不論曲直)'이라 했다.

진나라에서는 진나라에서 생산된 것만 사용해야 된다면(必秦國之所生然後可), ……정나라와 위나라의 여자를 후궁에 둬서도 안 되고 (鄭衛之女, 不充後宮(불충후궁), ……강남의 금속과 주석도 사용해서는 안 되고(江南金錫不爲用), 서쪽 촉지방의 단청으로도 채색해서는 안 됩니다(西蜀丹青不爲采). ……그런데 지금 질그릇을 두드리는 진나라 고유의 음악을 버리고 정나라와 위나라의 음악을 가까이 하시는데(今棄擊甕而就鄭衛), ……이것은 어째서 입니까?(若是者何也) 지금 현재 듣기 좋고 볼만하기 때문입니다(快意當前, 適觀而已矣). 그러나 지금 폐하께서 사람을 등용할 때는 그렇지 않습니다(今取人則不然). 등용할 만한지 묻지도 않고, 옳고 그름도 따지지 않고(不問可否, 不論曲直), 진나라 사람이 아닌 관리는 떠나게 하고, 다른 제후국에서 온 관리를 쫓아냅니다(非秦者去, 爲客者逐). 이렇게 하시면 폐하께서는 미녀와 음악, 보물만 중시하고(然則是所重者, 在乎色樂珠玉), 백성과 인재들은 경시하시는 것입니다(而

所輕者在乎人民也). 이것은 천하를 통일하고 제후들을 제압하는 방법이 아닙니다(此非所以跨海內, 制諸侯之術也).

최근 전 국회의원인 한 사업가가 자살하며 남긴 쪽지와 녹취파일로 온 정계가 벌집을 쑤셔놓은 듯하다. 그는 돈을 줬다고 하는데, 그들은 모두 받지 않았다고 한다. 사업가들은 이윤을 추구하는 사람들로, 그들은 절대로 이유없이 돈을 쓰지 않는다. 그들은 불문곡직하고 금품을 주고, 받지 않았을까.

2015.04.17

불요불굴
不撓不屈

'휘지도 않고 굽히지도 않는다'는 뜻으로, '어떤 난관도 꿋꿋이 견디어 나감'을 비유한다. 중국에서는 '불굴불요(不屈不撓)'라고 한다. '한서(漢書)'의 '서전(敍傳)'에서 "'낙창'의 제후는 독실하여 굽히지 않았다(樂昌篤實, 不橈不詘)"라고 말한 것에서 유래했다. '불요불굴'은 본래 '不橈不詘'로 썼다. '낙창'의 제후는 바로 '왕상(王商)'을 말하며, 그의 전(傳)을 보면 다음과 같다.

> 한(漢)나라 '성제(成帝)'가 즉위한 후에 '왕상'을 매우 공경하여, 좌(左)장군으로 승진시켰다. 당시 황제의 외삼촌인 대사마(大司馬) 대장군 '왕봉(王鳳)'은 전권을 행사했으며, 그는 행동이 도에 지나치고 거만했다(行多驕僭). '왕상'은 '왕봉'을 다스릴 수 없는 것에 대해 논의했다(商論議不能平鳳). '왕봉'은 이를 알고 '왕상'을 멀리했다(鳳知之, 亦疏商). 건시(建始) 3년 가을에 장안(長安)의 백성들이 …… 홍수가 닥칠 것이라고 하며 …… 매우 혼란스러웠다. 그래서 '성제'는 친히 정전에 와서 대신을 불러 이 문제에 대해 논의했다(天子親御前殿, 召公卿議). '왕봉'은 태후와 임금, 후궁들은 배를 타면 되고, 관리와 백성들은 '장안'의 성곽 위로 올라가 홍수를 피해야 한다고 생각했다(大將軍鳳以爲太后與上及後宮可御船, 令吏民上長安城以避水). 많은 신하들은 모두 '왕봉'의 의견을 따랐다(群臣皆從鳳議). 그러나 '왕상'만이 달리 말했다. "예로부터 나라가 아무리

혼란하고 암담하더라도 홍수가 성곽까지 미치지는 못했습니다(自古無道之國, 水猶不冒城郭). 하물며 현재 정치는 안정되어 있고 전쟁도 없으며 상하가 태평한데 어찌 홍수가 하루 만에 갑자기 이곳까지 이르겠습니까?(今政治和平, 世無兵革, 上下相安, 何因當有大水一日暴至) 이것은 틀림없이 헛소문일 것입니다(此必訛言也). 성곽으로 피하라고 해서 백성들을 크게 놀라게 해서는 안 됩니다(不宜令上城, 重驚百姓)." 이에 '성제'는 멈추게 했다(上乃止). 그 후 얼마 안 되어 장안이 조금 안정된 다음에, 알아보니 과연 헛소문이었다(有頃, 長安中稍定, 問之, 果訛言). '성제'는 '왕상'의 굳은 의지와 의견에 대해 여러 차례 칭찬했다(上於是美壯商之固守, 數稱其議). 결국 '왕봉'은 매우 창피해했고 실언한 것에 대해 후회했다(而鳳大慚, 自恨失言).

며칠 전 '김영란법'이 국회에서 통과됐지만, 바로 다음날부터 위헌요소가 있다고 하고 보완해야 한다고 난리다. '공직자 부패 방지법'이라는 본래 취지도 이리 휘고 저리 굽어서 기형적인 법안이 탄생했다. 국회는 입법하려는 의지가 있기나 한 것인지. 지난 2년8개월 동안 뭘 했고, 앞으로 1년6개월 유예기간 동안 뭘 하려는 걸까.

2015.03.06

사면초가
四面楚歌

'사방에서 들려오는 초(楚)나라 노래'라는 뜻으로, '적들이 사방에서 공격하여 매우 위급한 상황'을 비유한다. '사기(史記)'의 '항우(項羽)본기(本紀)'에서 유래했다.

'항우'의 군대가 '해하'에서 진지를 구축하고 있었는데, 병력도 적고 식량도 거의 다 떨어졌다(項王軍壁垓下, 兵少食盡). 게다가 한나라와 제후들의 군대가 그들을 여러 겹으로 포위하고 있었다(漢軍及諸侯兵圍之數重). 한밤중에 한나라 군대가 사방에서 초나라 노래를 부르자(夜聞漢軍四面皆楚歌), '항우'는 크게 놀라 말했다. "한나라가 이미 초나라를 전부 점령해 버렸구나!(漢皆已得楚乎). 어찌 한나라에 초나라 사람이 저렇게 많단 말인가(是何楚人之多也)." '항우'는 야밤에 일어나 막사에서 술을 마셨다(項王則夜起, 飮帳中). 그의 곁에는 총애하는 '우희(虞姬)'와 늘 타고 다니던 명마 '오추마(烏騅馬)'가 있었다. 이때 '항우'는 비분강개하여 스스로 시를 지어 읊었다(於是項王乃悲歌慨, 自爲詩曰). "힘은 산을 뽑을 만하고 기세는 천하를 덮을 만한데(力拔山兮氣蓋世), 때가 불리하니 '오추마'도 나가지 않네(時不利兮騅不逝). '오추마'가 나가지 않으니 어찌 하오리(騅不逝兮可柰何). '우희'여, '우희'여, 어쩌란 말인가!(虞兮虞兮柰若何) 노래를 부르고 또 부르니, '우희'도 화답했다(歌數闋, 美人和之). '항우'의 빰에는 몇 줄기 눈물이 흘러내렸다(項王泣數行下). 주위의 장수들도 모두 흐느끼며 아무도 차마 '항우'를 쳐다보지 못했다(左右皆泣, 莫能仰視).

요즘 우리는 '사면초가'이다. 최근 미국이 양적완화를 종료하여 달러가 강해져서 수입물가가 올라 내수 회복세가 무뎌질 거라고 한다. 게다가 일본은 엔저 정책을 고수하여 우리상품보다 가격 경쟁력이 강화되고 있고, 기술적으로 뒤처져있다고 생각했던 중국의 약진도 우리를 위협하고 있다. 설상가상으로 최근 우리정부는 예정된 '전시작전통제권환수'마저 포기하여, 여러 가지 난제를 자초하고 있다. 35조가 넘는 국방비로도 '자주국방'이 요원하게 느껴지는 건 왜일까.

2014.11.07

사본축말
捨本逐末

'근본을 버리고 지엽적인 것을 좇다'라는 뜻으로 '근본적인 문제를 파악하지 못하고 지엽적인 문제에 신경 쓰는 것'을 비유한다. '전국책(戰國策)'의 '제책(齊策)'에서 유래했다. 사본문말(舍本問末), 사본사말(舍本事末), 기본축말(棄本逐末), 본말전도(本末顚倒)라고도 한다.

제(齊)나라 왕이 사신을 보내 조(趙)나라 '위후(威后)'의 안부를 물었다. 조나라 '위후'는 제나라 왕이 보낸 서신을 펴 보기도 전에 사신에게 물었다(書未發, 威后問使者). "제나라 농사는 별 탈 없는지요?(歲亦無恙耶) 제나라 백성들도 별 탈 없는지요?(民亦無恙耶) 제나라 왕께서도 별 탈 없으시죠? (王亦無恙耶)" 제나라 사신은 기분이 좋지 않아(使者不說), '위후'에게 말했다. "저는 왕명을 받아 '위후'께 문안드리는 것인데(臣奉使使威后) '위후'께서는 제나라 왕의 안부를 묻지도 않고, 먼저 제나라 농사와 백성에 대하여 물으셨습니다(今不問王, 而先問歲與民). 어찌 천한 것을 중히 여기고 귀한 것을 뒤로 하십니까?(豈先賤而後尊貴者乎)" '위후'가 말했다. "그런 것이 아닙니다(不然). 만약에 흉년이 들면 어떻게 백성이 있을 수 있겠습니까?(苟無歲, 何以有民) 만약에 백성이 없다면, 어떻게 왕이 있을 수 있겠습니까?(苟無民, 何以有君) 그래서 이렇게 물어본 것입니다(故有問). 제가 근본적인 것을 버리고 지엽적인 것을 먼저 물어봤겠습니까?(舍本而問末者耶)"

요즘 국립대학들은 등록금에 포함되어 있는 '기성회비' 때문에 골치가 아프다. 일부 국립대 학생들은 대학을 상대로 기성회비 반환소송을 하고 있고, 국립대 직원들은 기성회비 수당을 받지 못해 월급의 20% 이상이 삭감돼 국가를 상대로 소송을 제기했다고 한다. 이런 혼란은 모두가 '반값등록금'이라는 허상(虛像) 때문에 생긴 일이 아닐까. 본래 '반값'의 표적은 터무니없이 비싼 사립대학의 등록금이 아니었던가. 그런데 어떻게 갑자기 사립대는 사라지고, 국립대학 등록금이 공공의 적이 됐는지. 국립대 기성회비는 본래 국가가 부담해야 할 몫인데, 뭔가 본말이 전도된 느낌이다.

2015.03.06

사분오열
四分五裂

'네 갈래로 나뉘고, 다섯 갈래로 찢기다'라는 뜻으로, '이리저리 갈기갈기 찢어짐'을 비유한다. '전국책(戰國策)'의 '위책(魏策)一'편에서 유래했다.

'장의(張儀)'는 진(秦)나라를 위해 연횡(連橫)하기 위하여 위(魏)나라 왕을 설득하였다. "위나라 국토는 사방으로 천리가 안 되고, 병졸도 30만이 넘지 않습니다(魏地方不至千里, 卒不過三十萬). 또한 사방이 평지라서 여러 제후국들과 교통이 편리하고 원활하여 사람들이 모여드는 중심인데다, 높은 산이나 깊은 물 같은 장애물도 없습니다(地四平, 諸侯四通, 條達輻湊, 無有名山大川之阻). 정(鄭)나라에서 위나라까지는 백리에 불과하고(從鄭至梁, 不過百里), 진나라에서 위나라까지는 이백 여리가 됩니다(從陳至梁, 二百餘里). 말과 병사들이 달려와도 피곤을 느끼기도 전에 위나라에 도착하게 됩니다(馬馳人趨, 不待倦而至梁). 남쪽은 초(楚)나라와 접경하고 있고, 서쪽은 한(韓)나라와 접경하고 있고, 북쪽은 조(趙)나라와 접경하고 있고, 동쪽은 제(齊)나라와 접경하고 있어, 위나라 병사들은 사방을 지켜야 합니다(南與楚境, 西與韓境, 北與趙境, 東與恰境, 卒戍四方). …… 위나라의 지세는 본래 전쟁터입니다(魏之地勢, 固戰場也). 위나라가 남쪽의 초나라와 친하게 지내고 제나라와 친하게 지내지 않으면 제나라가 위나라의 동쪽을 공격할 것이고(魏南與楚而不與齊, 則齊

攻其東), 동쪽으로 제나라와 친하게 지내고 조나라와 친하게 지내지 않으면 조나라가 위나라 북쪽을 공격할 것이고(東與齊而不與趙, 則趙攻其北), 한나라와 화합하지 않으면 한나라가 위나라 서쪽을 공격할 것이며(不合於韓, 則韓攻其西), 초나라와 친하게 지내지 않으면 초나라가 위나라의 남쪽을 공격할 것입니다(不親於楚, 則楚攻其南). 이것이 바로 '사분오열'의 지리형세입니다(此所謂四分五裂之道也)."

최근 전직 해군 참모총장이 잇달아 두 명이 구속되는 초유의 사태가 발생했다. 비리가 생겨서는 안 될 곳이다. 현재 우리나라는 전국시대 위나라처럼 사방팔방에 위험이 도사리고 있고, 외세에도 떠밀리고 있는 형편인데. 비리와 부패라는 내부의 적으로 인해 이리저리 찢기다니. 우리나라 국방비 지출이 세계 10위라고는 하지만, 과연 국방력까지 세계 10위일까.

2015.03.27

삼고초려
三顧草廬

'누추한 초가집으로 세 번 찾아가다'라는 뜻으로, '인재를 구하기 위하여 참을성 있게 여러 번 노력함'을 비유한다. 중국에서는 '삼고모려(三顧茅廬)'라고도 한다. '제갈량(諸葛亮)'의 '출사표(出師表)'에서 유래했다. '제갈량'은 위(魏)나라를 치러 가기 전에, '유비(劉備)'가 죽고 촉(蜀)나라의 왕이 된 '유선(劉禪)'에게 간곡히 당부하는 글을 올렸다.

……궁중과 조정의 신하는 모두 한 몸과 같으니, 잘한 일에 상을 주고 잘못된 일에 벌을 주는 데에 있어서 서로 달라서는 안 됩니다(宮中府中, 俱爲一體, 陟罰臧否, 不宜異同). 만일 간악한 짓을 범하고 법에 저촉된 자와 충성을 다하고 좋은 일을 한 자가 있다면(若有作姦犯科及爲忠善者), 마땅히 각각 담당부서에 맡겨 상벌을 논하게 함으로써(宜付有司論其刑賞), 폐하의 공평함과 명확함을 드러내셔야 하며(以昭陛下平明之理), 사사로움에 치우쳐서 조정 내외에서의 법 적용을 달리 하시면 안 됩니다(不宜偏私 使內外異法也).……신은 본래 하찮은 평민으로 '남양'에서 논밭이나 갈면서 난세에 목숨이나 유지하며 살으려 했지, 제후를 찾아가 일신의 영달을 구할 생각은 없었습니다(臣本布衣, 躬耕於南陽, 苟全性命於亂世, 不求聞達於諸侯). 그런데 선제께서는 신을 미천하게 여기지 않고 스스로 몸을 낮추어 세 번씩이나 저의 누추한 집에 찾아오셔서(先帝

不以臣卑鄙, 猥自枉屈, 三顧臣於草廬之中), 친히 신에게 당시 세상의 일을 물으셨습니다(諮臣以當世之事). 신은 이 때문에 감격하여 선제를 위해 목숨을 바쳐 일하기로 결심하고 선제의 뜻을 받아들였습니다(由是感激, 遂許先帝以驅馳). ……

요즘 우리나라 정세는 중국의 삼국시대를 방불케 한다. 여야와 청와대는 마치 삼국과도 같이 서로 견제하고, 야당은 야당대로 내부에서 서로 반목하고 있다. 그런데다가 설상가상으로 국방 관련 비리도 끊이지 않고 있는데, 해군은 2020년대 실전 배치할 예정인 차기 대잠수함 초계기로 이미 퇴역한 비행기를 미국에서 구매하려고 한다니 도대체 무슨 생각을 하고 있는 것인지.

2015.05.15

상궁지조
傷弓之鳥

'활에 다친 새'라는 뜻으로 '어떤 일로 한 번 매우 놀란 뒤에 그것을 매우 두려워하여 위축됨'을 비유한다. 또 '경궁지조(驚弓之鳥, 활에 놀란 새)'라고도 한다. '전국책(戰國策)'의 '초책(楚策)'에서 유래했다. 전국시대 연(燕)·조(趙)·한(韓)·위(魏)·제(齊)·초(楚) 등 여섯 나라가 합종책으로 최강국인 진(秦)나라와 대치하고 있을 때의 일이다. 초나라의 '춘신군(春申君)'이 '임무군(臨武君)'을 장군으로 삼으려고 하자, 조나라는 이를 막기 위해 '위가(魏加)'라는 신하를 파견했다. '위가'는 '춘신군'에게 다음과 같이 말했다.

> 어느 날 '경리(更羸)'라는 신궁이 위(魏)나라 왕과 높은 누대 아래에 있다가 날아가는 새를 보고(異日者, 更羸與魏王處京臺之下, 仰見飛鳥), 위나라 왕에게 "저는 활시위만 튕겨서 새를 떨뜨릴 수 있습니다(臣爲王引弓虛發而下鳥)"라고 말했습니다. 그러자 위나라 왕은 "궁술이 그런 경지에 이를 수 있는가?(然則射可至此乎)"라고 묻자, '경리'는 "가능합니다"라고 답했습니다. 잠시 후 기러기가 동쪽에서 날아오자(有間, 雁從東方來), '경리'는 활시위를 튕겨서 새를 떨어뜨렸습니다(更羸以虛發而下之). 위나라 왕이 "궁술이 이런 경지에 이를 수 있는가?(然則射可至此乎)"라고 말하자, '경리'는 '이것은 새가 활에 주눅이 들어 있기 때문입니다(此孽也)'라고 말했습니다. 왕이 "그대는 그것을 어떻게 아는가?(先生何以知之)"라고 묻

자, '경리'가 "이 새는 천천히 날며 울음소리도 애처로웠습니다(其飛徐而鳴悲). 천천히 난다는 것은 옛 상처가 아프기 때문이고(飛徐者, 故瘡痛也), 애처롭게 우는 것은 무리에서 떨어진 지 오래됐기 때문입니다(鳴悲者, 久失群也). 옛 상처는 아직 아물지 않았고, 놀란 마음도 아직 가라앉지 않았습니다(故瘡未息, 而驚心未至也). 이런 상태에서는 시위소리만 듣고도 놀라게 되니, 결국 날개를 펼쳐 높게 날자마자, 옛 상처가 터져 떨어졌습니다(聞弦音, 引而高飛, 故瘡隕也)"라고 답했습니다. 지금 '임무군'은 진(秦)나라에 패한 적이 있어 이 기러기처럼 주눅이 들어 있으니, 장군으로 임명해서는 안 됩니다(今臨武君, 嘗爲秦孽, 不可爲拒秦之將也).

여객선 침몰사건이후 지하철 추돌사고, 대구 앞산공원 케이블카 사고, 붕괴 위험이 있는 학교건물 등 안전사각지대가 속속 드러나고 있다. 우리가 살아있는 게 천운이다. 자라 보고 놀란 가슴 솥뚜껑 보고도 놀라겠지만, 이제는 안전 또 안전에 최선을 다해야 한다.

2014.05.09

새옹지마
塞翁之馬

'변경에 사는 노인의 말'이라는 뜻으로, '인생의 길흉화복은 변화가 많아서 예측하기가 어렵다'는 것을 비유한다. '회남자(淮南子)'의 '인간훈(人間訓)'편에서 유래했다. 중국에서는 '새옹실마(塞翁失馬, 변경에 사는 노인이 말을 잃어버리다)'라고 한다.

화와 복의 변화는 화가 복을 낳고 복이 또 화를 낳으니 그 변화를 알기 어렵다(夫禍福之轉而相生, 其變難見也). 변경 근처에 점을 잘 치는 사람이 있었는데, 그의 말이 까닭 없이 오랑캐 땅으로 도망갔다(近塞上之人有善術者, 馬無故亡而入胡). 이에 사람들이 그를 위로하자, 그 노인은 말했다(人皆弔之, 其父曰). "이것이 복이 되지 않을까요(此何遽不爲福乎)." 몇 개월이 지난 후 그 말은 오랑캐의 준마를 데리고 돌아왔다(居數月, 其馬將胡駿馬而歸). 사람들은 모두 이를 축하했다(人皆賀之). 그 노인이 말했다. "이것이 화가 되지 않을까요(此何遽不能爲禍乎)." 그 노인의 집에 좋은 말이 많아서 그런지, 그의 아들은 말 타기를 좋아했는데, 말에서 떨어져 넓적다리가 부러졌다(家富良馬, 其子好騎, 墮而折其髀). 이에 사람들은 모두 그를 위로했다(人皆弔之). 그 노인은 말했다. "이것이 복이 되지 않을까요(此何遽不爲福乎)." 일 년이 지나 오랑캐가 대대적으로 변경지대로 쳐들어와서(居一年, 胡人大入塞), 장정들이 활을 쏘며 싸웠지만 변경지역 사람들 중 열에 아홉은 죽었다(丁壯者引弦而戰, 近塞之人,

死者十九). 그런데 그의 아들은 절름발이라서 그 부자는 생명을 보전했다 (此獨以跛之故, 父子相保).

최근 경찰 승진에서 한 여자 경정이 탈락했다. 그녀는 작년 8월 국회 국가정보원 국정감사 청문회에서 전 서울지방경찰청장의 증언을 정면으로 반박하는 증언을 했다. 혹자는 이번 인사가 이에 대한 보복이라고도 한다. 그녀는 이번 승진 탈락이 좌절이라고 느낄지는 모르지만, 앞으로 어떻게 그녀에게 영향을 줄지는 아무도 모른다. 그녀의 용기 있는 태도는 매우 가치 있고, 이미 민주사회 발전에 많은 기여를 한 것이 아닐까.

2014.01.17

선부지설
蟬不知雪

'매미는 눈을 모른다'라는 뜻으로, 매미는 여름 한 철 치열하게 울다가 가을에 죽으니 눈 내리는 겨울을 모른다는 말이다. 매미가 사계절 중에 여름과 가을밖에 모르는 것처럼 '견문이 좁은 것'을 비유한다. 한(漢)나라 '환관(桓寬)'이 지은 '염철론(鹽鐵論)'의 '상자(相刺)'편에서 유래했다.

대부가 말했다. "노래 부르는 사람은 높은 소리를 추구하지 않고, 박자에 맞는 것을 귀하게 여긴다(歌者不期於利聲, 而貴在中節). 이론이나 의견을 주장하는 사람은 미사여구를 추구하지 않고, 사실에 힘쓴다(論者不期於麗辭, 而務在事實. 노래는 잘하지만 음조를 바꿀 줄 모르면, 노래를 잘한다고 할 수 없다(善聲而不知轉, 未可爲能歌也). 말은 잘하지만 변화를 모르면, 말을 잘한다고 말할 수 없다(善言而不知變, 未可謂能說也). 그림쇠를 가지고 곱자를 부정하고, 수평기를 가지고 먹줄을 부정하는 것은 한 구멍에만 통해 있고 한 가지 이치만 알뿐 전체를 보고 균형을 잡을 줄 모르는 것이다(持規而非矩, 執準而非繩, 通一孔, 曉一理, 而不知權衡). 이것은 자신이 보지 못했다고 다른 사람을 믿지 못하는 것으로, 마치 매미가 눈이 오는 겨울을 모르는 것과 같다(以所不睹不信人, 若蟬之不知雪). 옛글에 나오는 도리와 이치만을 완고하게 믿고 의지하며 현세에 응용하려 하는 것은, 마치 수성과 삼성이 서로 궤도가 다르게 운행하여 절대로 만나는 일이 없이 평행선을 이루는 것과 같고, 거문고의 기러기발을 아교풀로 고정시키고 거문고의 음조를 조절하려고 하는 것처럼 당연히 현실에 잘 들어맞지 않는다(堅據古文以應當世, 猶辰參之錯, 膠柱而調瑟, 固而難合矣). 바로 이 때문에 '공자'가 당시에 관직에 오를 수 없었던 것이고, 제후들이 '맹자'를 업신여겼던 이유이다(孔子所以不用於世, 而孟軻見賤於諸侯也)."

요즘 날씨가 너무 습하고 덥다. 매미는 시도 때도 없이 우렁차게 울어대며, 여름이 절정으로 치닫고 있음을 알려준다. 한여름이다. 뭐든지 꼭대기에 오르면 내려오게 돼 있다. 모두들 더위를 피해 피서(避暑) 가는데, 매미처럼 치열하게 여름을 맞이하면 어떨까.

2015.07.31

성동격서
聲東擊西

'동쪽을 말하고 서쪽을 친다'는 뜻으로, '이쪽을 공격하는 척하다가 실제로는 저쪽을 치는 전술'을 비유하는 말이다. '회남자(淮南子)'의 '병략훈(兵略訓)'에서 유래했다.

새가 먹이를 잡아채려고 할 때에는 머리를 숙이고(夫飛鳥之摯也, 俯其首), 맹수가 먹이를 덮치려고 할 때에는 발톱을 숨긴다(猛獸之攫也, 匿其爪). 호랑이와 표범은 자신의 발톱을 드러내지 않으며 물려고 할 때에도 이빨을 드러내지 않는다(虎豹不外其爪, 而噬不見齒). 그러므로 용병의 방법은 일부러 우리 군대의 부드러운 면을 보여주고 실제로는 굳고 단단함으로 응전한다(故用兵之道, 示之以柔, 而迎之以剛). 또한 적에게 약점을 보여주고 강점으로 적을 압도한다(示之以弱, 而乘之以强). 군사를 철수하는 듯이 행동하다가 오히려 공격으로 대응한다(爲之以歙, 而應之以張). 서쪽으로 가려고 하면서 동쪽으로 가려고 하는 모습을 보인다(將欲西, 而示之以東). 이렇게 하면 처음에는 최종목적과 어긋나는 것 같지만 나중에는 합치하게 되고, 처음에는 불분명하지만 나중에는 명료해진다(先忤而後合, 前冥而後明). 이런 병법은 귀신처럼 향방을 알 수 없고, 물처럼 흔적이 남지 않는다(鬼之無跡, 若水之無創). 그러므로 향하는 쪽이 가는 쪽도 아니고, 보이는 것이 계획하는 바도 아니다(故所向非所之也, 所見非所謀也). 행동과 동정을 살펴봐도 알 수 없으며(擧措動靜, 莫能識

也), 벼락이 치는 것과 같아서 대비할 수도 없고(若雷之擊, 不可爲備), 동일한 전술을 반복하여 사용하지 않으므로 백전백승할 수 있다(所用不復, 故勝可百全). 천지신명과 통하여 그 용병술을 아무도 알 수 없으니, 신의 경지에 올랐다고 말할 수 있다(與玄明通, 莫知其門, 是謂至神).

요즘 여야의 대치가 장기화 되고 있다. 3자회담이 결렬된 후에 서로가 '국민저항에 부닥칠 것'이라고 하는데, 과연 국민이 안중에나 있는 것인지. 여야는 서로 '성동격서'하며 싸워서 꼭 이겨야만 하는 철천지원수인가. 아니라면 서로 책임을 전가하지 말고, 대승적인 관점에서 타협해야 하지 않을까.

2013.09.27

수수방관
袖手傍觀

'손을 소매 속에 넣고, 옆에서 보고만 있다'는 뜻으로, '나서야 할 일에 간여하지 않고 그대로 내버려둠'을 비유한다. 오불관언(吾不關焉, 나는 그 일에 상관하지 아니함)이라는 유사한 표현도 있다. 당(唐)나라 '한유(韓愈)'의 '제유자후문(祭柳子厚文, 유자후는 유종원柳宗元을 말하며, 그가 죽은 뒤에 한유가 쓴 제문祭文이다)'에서 유래했다.

세상에 있는 모든 사물은 쓸모 있는 재목이 되길 원치 않는다(凡物之生, 不願爲材). 나무가 쓸 만하면 제사용 술잔이 되어 청색 황색의 장식을 하는데, 이것은 오히려 나무에게 재난이다(犧尊靑黃, 乃木之災). 당신은 벼슬길에서 중도에 쫓겨났지만, 그것은 오히려 하늘이 그대의 속박을 풀어준 것으로, 그대의 힘차고 옥처럼 아름다운 문재를 충분히 발휘하게 했다(子之中棄, 天脫馽羈, 玉佩瓊琚, 大放厥詞). 돈 많고 지위가 높아도 무능하여 그 명성이 점점 사라지니 그 누구를 역사에 기록하겠는가(富貴無能, 磨滅誰紀). 그러나 당신은 스스로 자신의 명성이 드러나게 하여 훨씬 훌륭하게 되었다(子之自著, 表表愈偉). 나무를 잘 베지 못하는 사람은 손가락에서 피가 나고 얼굴에 땀이 범벅이 되는데(不善爲斫, 血指汗顔), 나무를 잘 베는 장인은 오히려 옆에서 쳐다보며 손을 거둬 옷소매 속에 넣고 있다(巧匠旁觀, 縮手袖間). 그대의 문장은 세상에 쓰이지 않고(子之文章, 而不用世) 뜻밖에 우리들이 황제를 위해 문장을 쓰는 일을 맡게 됐다

(乃令吾徒, 掌帝之制). 당신은 사람들에게 거리낌 없이 용감하게 나아가는 모습으로 보였다(子之視人, 自以無前). 하지만 그 결과 배척 받아 더 이상 다시 중용되지 않으니, 수많은 유언비어가 황제의 귀까지 들리게 되었다(一斥不復, 群飛刺天).

최근 며칠 동안 유치원생들이 선생님들에게, 정신병원 환자가 보호사에게 폭행당하는 사건이 연일 보도되고 있다. 책임자들이 수수방관한 것 같다. 물론 스트레스를 많이 받는 직종이라는 것은 알지만, 그래서 되겠는가. 또 사회 전체를 보면 약자가 당하는 일이 어디 이뿐이겠는가. 누구의 책임일까.

2015.01.30

수적석천
水滴石穿

'물이 한 방울씩 떨어져도 돌에 구멍이 생긴다'는 뜻으로, 본래는 '작은 잘못이라도 계속 누적이 되면 커다란 위험이 될 수 있음'을 비유했으나, 현재는 '보잘것없는 아주 작은 힘이라도 꾸준히 노력하면 큰일을 이룰 수 있음'을 비유한다. 송(宋)나라 때 '나대경(羅大經)'의 '학림옥로(鶴林玉露)'라는 책에서 유래했다. '적수천석(滴水穿石, 한 방울의 물이 돌을 뚫는다)', '수적천석(水滴穿石)' '우수천석(雨垂穿石, 빗물이 떨어져 돌을 뚫는다)'이라고도 한다.

'장괴애(張乖崖)'는 '숭양(崇陽)'현의 현령이었다. 한 관리가 창고에서 나오는데 그의 귀밑머리 근처 두건 아래에 동전 하나가 있는 것을 발견하고, '장괴애'는 이를 따져 물었다(一吏自庫中出, 視其鬢旁巾下有一錢, 詰之). 그러자 그 관리는 답했다. "이것은 창고에 있던 동전입니다(乃庫中錢也)." '장괴애'는 그를 곤장으로 때리라고 명령했다(乖崖命杖之). 그러자 그 관리는 발끈하며 말했다(吏勃然曰). "동전 한 닢이 뭐 별거라고, 곤장을 치십니까?(一錢何足道, 乃杖我耶) 저를 곤장으로 때릴 수는 있어도, 설마 저를 죽일 수는 없겠지요(爾能杖我, 不能斬我也)." '장괴애'는 이 말을 듣고 바로 붓을 들어 판결문을 썼다(乖崖援筆判云). "하루에 동전 한 닢씩 천일이면 천 푼이 된다(一日一錢, 千日一千). 노끈으로 톱질하더라도 나무는 결국 잘리게 되고, 물이 한 방울씩 떨어져도 돌에 구멍이 생긴다(繩鋸木斷, 水滴石穿).” 이렇게 쓰고 나서 ‘장괴애’는 바로 칼을 들고 계단 아래로 내려가 그의 목을 베었다(自仗劍下階斬其首). 그리고 곧바로 사헌부에 자수하였다(申台府自劾).

추석 명절에 대체휴일까지 모두 지났다. 올해도 어김없이 고속도로 등 곳곳에서 길이 많이 막혔다. 정체가 너무 심해서 고향이나 목적지에 가지도 못하는 것이 아닌지 걱정도 많았다. 하지만 이제는 아마도 모두 무사히 일상으로 돌아와 제자리에 있을 것이다. 우리는 잘 알고 있다. 설사 모든 게 더디고 짜증이 난다고 하더라도 꾹 참고 포기만 하지 않으면, 결국 목적지에 도달한다는 것을.

2014.09.12

순망치한
脣亡齒寒

'입술을 잃으면 이가 시리다'는 뜻으로, '서로 가까운 사이에 있는 어느 한쪽이 망하면 다른 한쪽도 그 영향을 받아 온전하기 어려움'을 비유한다. '좌전(左傳)'의 '희공(僖公)5년'에서 유래했다.

진(晉)나라 헌공(獻公)이 괵(虢)나라를 치겠다고 우(虞)나라에 길을 빌려달라고 했다(晉侯復假道於虞以伐虢). '궁지기(宮之奇)'가 간(諫)하여 말했다. "괵(虢)나라는 우(虞)나라의 외곽이므로 '괵'나라가 망하면 '우'나라도 틀림없이 잇달아 망할 것입니다(虢亡, 虞必從之). '진'나라에게 길을 열어줘서는 안되며, 도둑을 쉽게 보면 안 됩니다(晉不可啓, 寇不可翫). 한 번 길을 빌려준 것도 심한데, 어떻게 또 길을 빌려줄 수 있습니까?(一之謂甚, 其可再乎) 옛말에 '수레의 덧방나무와 바퀴는 서로 의지하며, 입술이 없으면 이가 시리다'라는 말이 있는데, 바로 '우'와 '괵'나라를 말하는 것입니다(諺所謂輔車相依, 脣亡齒寒者, 其虞虢之謂也)."……그러나 '우공(虞公)'은 '궁지기'의 간언을 듣지 않고 '진'나라 사신의 요구를 들어주었다(弗聽, 許晉使). '궁지기'는 자신의 일족을 데리고 '우'나라를 떠나며(宮之奇以其族行) 말했다. "우나라는 (멸망하여) '섣달제사'를 지낼 수 없을 것이다(虞不臘矣). 진나라는 이번 군사행동으로 우나라를 멸망시킬 것이니, 더 이상 군사를 일으킬 필요도 없을 것이다(在此行也, 晉不更擧矣).

결국 우나라는 진나라에게 길을 터주고 괵나라와 함께 멸망하고 말았다. 이런 예들은 역사적으로도 쉽게 발견할 수 있으며, 요즘도 예외가 아니다. 지난 3월16일 우크라이나의 크림자치공화국은 러시아에 귀속하는 것에 대하여 국민투표를 한 결과 96.77% 이상이 찬성했다. 그럼에도 불구하고, 미국을 비롯한 서방국가들은 '순망치한'을 우려하여 이 투표가 불법이라며 반발했지만, 러시아와 크림공화국은 합병됐다. 하지만 중국은 유엔의 '크림국민투표무효' 결의안에 대하여 기권표를 던졌고, 일본은 여전히 '고노담화'도 거부하려는 믿을 수 없는 태도를 보이고 있다. 이런 복잡한 동북아 상황 속에서, 북한은 동쪽 서쪽으로 미사일만 쏘고 있으니 걱정이다.

2014.04.04

시우지화
時雨之化

'때맞춰 내리는 비가 만물(萬物)을 생동하게 함'이라는 뜻으로, '임금의 은혜나 선생님의 가르침이 두루 천하에 미치는 것'을 비유한다. '춘풍화우(春風化雨, 봄바람과 만물을 생동하게 하는 비)' 또는 '시우춘풍(時雨春風)'이라고도 한다. '맹자(孟子)'의 '진심장구상(盡心章句上)'편에서 유래했다.

> '맹자(孟子)'가 말씀하셨다. "군자가 사람을 가르치는 방법에는 다섯 가지가 있다(君子之所以教者五). 때맞춰 내리는 단비처럼 학생을 자연스럽게 교화하는 방법이 있고(有如時雨化之者), 덕을 갖추도록 가르치는 방법이 있고(有成德者), 숨은 재능을 발현하도록 가르치는 방법이 있고(有達財者에서 財는 잘못된 글자가 아니라 材라는 뜻으로 사용됐다고 한다), 질문에 답하는 방식으로 가르치는 방법이 있고(有答問者), 군자가 직접 만나서 가르칠 수는 없더라도 군자의 인격이나 가르침에 학생이 감화되도록 하는 방법이 있다(有私淑艾者). 이 다섯 가지가 군자가 사람을 가르치는 방법이다(此五者, 君子之所以教也)."

3월인데 여전히 춥다. 매년 '춘래불사춘(春來不似春, 봄은 왔지만 봄과 같지 않네)'이라고 말한다. 강원도에서는 아직도 눈이 오고, 아침저녁으로는 여전히 영하의 날씨이다. 겨울은 겨울답지 않고 봄은 봄답지 않다. 온 세상이 제 때를 잃어버리고, 혼돈상태에 있는 듯하다. 발전과 개발이라는 미명(美名) 아래 자행된 각종 자연 파괴로 인해 환경오염이 점점 심해져서, 우리는 앞으로 더 많은 것을 잃게 될지도 모른다. 언제나 따뜻한 봄바람이 불어 동장군(冬將軍)을 몰아낼지. 아무래도 봄비라도 한 차례 와야, 깊게 얼어붙은 땅까지 녹고 완연한 봄이 오지 않을까.

2014.03.07

신선사졸
身先士卒

'몸이 병사들보다 앞서다'라는 뜻으로 '전쟁터에서 장수가 병사보다 앞장서서 싸우는 것'을 비유한다. 즉 '솔선수범(率先垂範, 앞장서서 모범을 보이는 것)'을 말한다. '사기(史記)'의 '회남형산열전(淮南衡山列傳)'에서 유래했다. '회남왕(淮南王)'은 한(漢)나라 고조(高祖) '유방(劉邦)'의 손자인 '유안(劉安)'을 말한다. 무제(武帝) 때 '유안(劉安)'은 반란을 일으키려고 그의 신하 '오피(伍被)'에게 민심을 물어보니, 나라가 잘 다스려지고 있다고 답했다.

회남왕 '유안'이 다시 '오피'에게 물었다. "산동에서 전쟁이 일어나면, 한나라는 틀림없이 대장군인 '위청(衛青)'을 보내 산동을 진압할 것이다(山東卽有兵, 漢必使大將軍將而制山東). "그대는 대장군이 어떤 사람이라고 생각하는가?(公以爲大將軍何如人也)" '오피'가 답했다. "제가 잘 알고 있는 '황의(黃義)'가 대장군을 따라 흉노를 공격한 적이 있는데(被所善者黃義, 從大將軍擊匈奴), 돌아와 제게 말하길, '대장군은 사대부에게 예를 갖추고 병사에게는 은혜를 베풀어(大將軍遇士大夫有禮, 於士卒有恩), 모두 그를 위해 일하기를 좋아합니다(衆皆樂爲之用). 또 그는 말을 타고 날듯이 산을 오르내리고 재주도 아주 뛰어납니다(騎上下山若蜚, 材干絶人).' 제가 생각하기에 대장군의 능력이 이처럼 뛰어나고 여러 차례 장군으로서 병사를 통솔하여 용병에도 능하니 대적하기 쉽지 않을 것입니다

(被以爲材能如此, 數將習兵, 未易當也). '조량(曹梁)'이 장안(長安)에 사신으로 갔다가 돌아와 말하길. '대장군은 명령이 분명하고 적과 맞설 때에도 용감하여 늘 병사들보다 앞장서고(當敵勇敢, 常爲士卒先), 군영에서 쉴 때에도 우물을 완전히 파기 전에는 병사들이 모두 물을 다 마신 다음에야 물을 마시며(休舍, 穿井未通, 須士卒盡得水, 乃敢飮), 전투가 끝나고 강을 건널 때에도 병사들이 다 건넌 다음에야 비로소 강을 건너고(軍罷, 卒盡已度河, 乃度), 황태후가 내린 상금도 모두 부하들에게 나눠줬다고 합니다(皇太后所賜金帛, 盡以賜軍吏). 옛날의 명장이라고 하더라도 위청 장군보다는 못할 것입니다(雖古名將弗過也).'" '회남왕'은 아무 말도 하지 않았다(王默然).

며칠 전, 한 달 가까이 공전되던 국회가 정상화됐다. 얼마나 갈까. 요즘 우리사회의 키워드는 경쟁, 평가, 성과급, 구조조정, 무노동 무임금, 임금삭감, 반값○○ 등이다. 모두 생존을 위해 치열하게 몸부림치고 있는데. 정작 '솔선수범'해야 할 국회는 딴 나라인가, 성역인가.

2013.10.04

안보당차
安步當車

'편히 걷는 것으로 마차를 대신하다'는 뜻으로, '가난하더라도 자신의 본분을 지킴'이나 '청렴한 생활'을 비유한다. '전국책(戰國策)'의 '제책(齊策)'에서 유래했다.

제(齊)나라 '선왕(宣王)'이 '안촉(顔斶)'을 보고 말했다. "안촉! 앞으로 오시오 ! " '안촉' 역시 말했다. "왕께서 앞으로 오시죠!" '선왕'은 기분이 좋지 않았다. 옆에 있던 신하가 말했다. "왕은 군주이고(王, 人君), '안촉' 그대는 신하이다(斶, 人臣也). 왕께서 '안촉! 앞으로 오시오(斶前)'라고 말하셨다고, 그대도 '왕께서 앞으로 오시죠(王前)'라고 하다니, 그래도 됩니까?" '안촉'이 답하여 말했다. "제가 왕 앞으로 가면 아부하는 것이고, 왕께서 선비 앞으로 가는 것은 선비를 존중하여 다가가는 것입니다(夫斶前爲慕勢, 王前爲趨士). 제가 아부하게 하는 것보다 왕께서 선비에게 다가가는 것이 좋지 않을까요(與使斶爲趨勢, 不如使王爲趨士)." 왕이 화가 나서 말했다. "왕이 지위가 높은가, 선비가 높은가?(王者貴乎, 士貴乎)" '안촉'이 답했다. "선비의 지위가 높고, 왕은 높지 않습니다(士貴耳, 王者不貴)." 왕이 말했다. "근거 있는 말인가?" '안촉'이 말했다. "있습니다. 예전에 진(秦)나라가 제(齊)나라를 공격할 때, 진나라 왕이 명령을 내렸습니다. '감히 유하계(柳下季)의 무덤 50보 이내에서 땔나무를 자르는 사람은 사형에 처한다(有敢去壟五十步而樵采者, 死不赦).' 또 명령을 내렸습니다. '제나라 왕의 머리를 가지고 오는 사람은 식읍이 만호인 제후에 봉하겠다(有能得齊王頭者, 封萬戶侯, 賜金千鎰). ……' 이것으로 보면 살아 있는 왕의 머리가 죽은 선비의 무덤보다 못합니다(由是觀之, 生王之頭, 曾不若死士之壟也)." 선왕은 아무 말 못했지만 매우 기분이 좋지 못했다(宣王默然不悅). …… 선왕이 말했다. " …… 지금 군자의 말도 듣고 소인의 행실에 대해서도 들었습니다(及今聞君子之言, 乃今聞細人之行). 청컨대 저를 제자로 받아주십시오(願請受爲弟子). ……" 그러나 '안촉'은 사양하며 말했다. " …… 저는 고향으로 돌아가서, 시장을 고기반찬 삼고, 여유롭게 걷는 것을 마차 타는 것으로, 죄짓지 않고 사는 것을 고관대작이 되는 것으로 생각하고 살아갈 겁니다(晩食以當肉, 安步以當車, 無罪以當貴). …… "

최근 국무총리 내정자에 대한 여러 의혹이 불거지고 있다. 어찌 이번뿐이겠는가. 정부관련 인선 때마다 말없이 조용히 넘어간 적은 거의 없는 것 같다. 우리 상식과 거리가 먼 분들이 많다. 그냥 욕심 없이 시장할 때 밥 먹고 천천히 산보삼아 걸어 다니며 살면 좋을 텐데, 굳이 열심히 일하겠다고 나섰다가 괜히 대중들 앞에서 낱낱이 까발려져 치부만 드러낸다.

2015.02.13

앙급지어
殃及池魚

‘재앙이 연못의 물고기에 미친다’는 뜻으로, ‘까닭 없이 연루되어 엉뚱하게 화를 입거나 손해를 보는 것’을 비유한다. ‘지어지앙(池魚之殃)’이라고도 한다. 이 유래에 대하여 3가지 설이 전해진다.

먼저 ‘여씨춘추(呂氏春秋)’의 ‘필기(必己)’편에서 전해지는 이야기는 다음과 같다.

> 춘추시대 송나라의 사마(司馬)인 환(桓)이 귀한 옥구슬을 가지고 있었는데, 죄를 짓고 도망갔다(宋桓司馬有寶珠, 抵罪出亡). 왕이 사람을 보내 옥구슬의 소재를 물으니(王使人問珠之所在), ‘연못에 던져 버렸다(投之池中)’고 했다. 그래서 연못의 물을 다 퍼내고 옥구슬을 찾았으나, 옥구슬은 찾지도 못하고 애먼 물고기만 죽었다(於是竭池而求之, 無得, 魚死焉).

또 ‘태평광기(太平廣記)’의 ‘지중어(池中魚)’편에서 ‘풍속통(風俗通)’의 이야기를 인용하고 있는데, 다음과 같다.

> 성문에 불이 났는데 그 화가 연못 속의 물고기에 미쳤다(城門失火, 禍及池魚)라는 말이 있다. 구설(舊說)에 의하면 ‘지중어’는 사람의 이름인데 송나라 성문 근처에 살았다(池仲魚人姓字也, 居宋城門). 본래 성문에 불이 났는데 그 불이 그의 집까지 번져 ‘지중어’가 불에 타 죽었다(城門失火,

延及其家, 仲魚燒死)고 한다. 또 이런 말도 있다. 송나라 성문에 불이 나서, 사람들이 연못의 물을 다 퍼내어 불난 성문에 부어버렸다(宋城門失火, 人汲取池中水, 以沃灌之). 그 결과 연못의 물이 모두 없어져서 물고기들이 모두 죽었다(池中空竭, 魚悉露死). 이 이야기는 나쁜 일이 점점 번지면 선량하고 성실한 사람도 다치게 된다는 것을 비유한다(喩惡之滋, 幷傷良謹也).

최근 여야가 오랜 대치 끝에 드디어 합의를 도출하여, 국회가 정상화됐다. 참 다행스런 일이다. 하지만 과연 이런 국면이 얼마나 오래 갈까. 여야 할 것 없이 정치인들은 늘 자신의 이익에 따라 제멋대로 행동하면서, 매번 '국민의 뜻'이라고 강변(强辯)한다. 제 욕심 차리기에 정신없는 이들 때문에 애먼 국민들만 연못의 물고기처럼 고사(枯死)할 지경이다.

2013.12.06

약육강식
弱肉强食

'약자의 고기는 강자의 먹잇감이다'라는 뜻으로, '약자는 강자에게 먹히거나 지배됨'을 비유한다. '한유(韓愈)'의 '송부도문창사서(送浮屠文暢師序, 문창 스님을 보내며)'에서 유래했다. 본래는 "약자의 고기는 강자의 먹잇감(弱之肉, 强之食)"이라고 했다. '한유'는 이 글에서 '유가(儒家)'의 가르침으로 사람들이 '약육강식'하는 짐승과 같은 단계에서 벗어날 수 있었다고 말하는데, '장자(莊子)'는 오히려 '도척(盜跖)'의 입을 빌려 '유가' 때문에 '약육강식'하게 됐다고 말한다.

옛날에는 짐승이 사람보다 많아서, 사람들은 나무 위에 집을 짓고 짐승을 피해(古者禽獸多而人少, 於是民皆巢居以避之), 낮에는 도토리와 밤을 줍고 밤에는 나무 위에서 잤다고 한다(晝拾橡栗, 暮栖木上). 이 때문에 '유소씨(有巢氏)'의 백성이라고 한다. 옛날에는 사람들이 옷을 입지 않아서, 여름에 땔감을 많이 쌓아놓았다가 겨울에 그 땔감으로 불을 땠다(古者民不知衣服, 夏多積薪, 冬則煬之). 이 때문에 '생존할 줄 아는 백성(知生之民)'이라고 부른다. '신농'시기 세상은 누우면 편안하고, 일어나면 흐뭇했다(神農之世, 臥則居居, 起則于于). 사람들은 어미는 알지만 아비는 모르며(모계사회) 사슴과 함께 생활했고, 스스로 농사를 짓고 베를 짜며 자급자족하여, 남을 해치려는 마음이 없었다(民知其母, 不知其父, 與麋鹿共處, 耕而食, 織而衣, 無有相害之心). 이때가 덕이 가장 융성했던 시기이다(此至德之隆也). 그러나 '황제(黃帝)'시대에 와서는 덕치를 하지 못해 '탁록(涿鹿)'이라는 벌판에서 '치우(蚩尤)'와 싸워 피가 백리나 흘렀다. '요'와 '순'이 왕이 되자 많은 관리들을 배치하였고(堯舜作, 立群臣), 상(商)나라의 탕(湯)왕은 그의 군주를 쫓아냈고, 주(周)나라의 무(武)왕은 상나라 주(紂)왕을 살해했다(湯放其主, 武王殺紂). 이때부터 강자는 약자를 짓밟고, 다수는 소수를 학대했다(自是之後, 以强陵弱, 以衆暴寡). '탕왕'과 '무왕' 이후로 모두가 분란을 일으키는 무리들이다(湯武以來, 皆亂人之徒也).

지난 7월7일부터 시작된 이스라엘의 공습은 아직도 진행 중이다. 이스라엘은 자국 소년 3명의 납치살인사건을 빌미로 삼아, 팔레스타인 가자지구를 계속 폭격하여 사망자 수가 이미 1,300명을 넘어 계속 증가하고 있다. 이유야 어쨌든, 이제는 힘없고 무고한 사람들까지 살상하는 전쟁을 멈춰야 한다. 진정한 강자(强者)라면 원수까지도 포용해야 하지 않을까.

2014.08.01

양질호피
羊質虎皮

'양의 본질에 호랑이 가죽'라는 뜻으로, '겉보기에는 위엄이 있으나 실상은 나약하고 무능함'을 비유한다. 한(漢)나라 때 '양웅(揚雄)'이 쓴 '법언(法言)'의 '오자(吾子)'편에서 유래했다. '법언'은 '논어'를 모방하여 쓴 책으로 '규범이 되는 말'이라는 뜻이다.

어떤 사람이 '양웅'에게 물었다. "한 사람이 자칭 성이 '공'씨이고 자가 '중니'라고 하면서(有人焉, 自雲姓孔而字仲尼), '공자'의 집안으로 들어가서 대청으로 올라가 '공자'의 책상에 엎드려 '공자'의 옷을 입고 있다면(入其門, 升其堂, 伏其几, 襲其裳), 우리는 그 사람을 '공자'라고 할 수 있습니까?(則可謂仲尼乎)" '양웅'이 답했다. "그의 겉모습은 그럴 듯하지만, 그의 본질은 전혀 '공자'가 아닙니다(其文是也, 其質非也)." 어떤 사람이 다시 물었다. "감히 묻겠습니다. 본질이란 무엇인가요?(敢問質)." '양웅'이 답했다. "양이 호랑이 가죽을 걸치고 있어도, 본질이 변하지 않아 풀을 보면 좋아하고, 승냥이를 만나면 두려워 떨며, 자신이 호랑이 가죽을 뒤집어쓰고 있다는 사실조차 잊어버린다(羊質而虎皮, 見草而說, 見豺而戰, 忘其皮之虎矣)."

올해는 양띠해이다. 성어에서 양(羊)은 '망양보뢰(亡羊補牢, 양을 잃고 우리를 고치다)'처럼 잃어버리는 대상이 되거나, '도소지양(屠所

之羊, 도살장의 양)'처럼 힘이 없는 존재이며, '희생양(犧牲羊, 제물로 바쳐지는 양)'이 되기도 한다. 양은 이처럼 우리 민초(民草)나 힘없는 사람을 나타내고 있다. 올해는 양의 해이니만큼, 힘없는 사람들이 주인공이 돼서 기를 펼 수 있으면 좋겠다. 가식적인 호피를 벗어던지고 양의 본모습을 찾아보는 것은 어떨지. 강한 척하지 말고 오히려 양의 장점을 극대화하여 세파를 이겨내면 어떨까.

2015.01.09

양호유환
養虎遺患

'호랑이를 키워 후환을 남기다'라는 뜻으로, '화근을 제때 제거하지 않으면 후환이 남음'을 비유한다. '사기(史記)'의 '항우(項羽)본기(本紀)'에서 유래했다.

이때 한나라 병사는 사기도 높고 식량이 풍족했으나, '항우'의 병사는 지치고 식량도 떨어졌다(是時, 漢兵盛食多, 項王兵罷食絶). 한나라 '유방(劉邦)'이 '육가(陸賈)'를 보내 '항우'를 설득해 '유방'의 아버지인 '태공'을 보내 줄 것을 청했으나 '항우'가 듣지 않았다(漢遣陸賈說項王, 請太公, 項王弗聽). '유방'이 다시 '후공(侯公)'을 보내 '항우'를 설득했다(漢王復使侯公往說項王). 이에 '항우'는 한나라와 천하를 반으로 나누어 '홍구(鴻溝)'의 서쪽을 한나라의 땅으로 하고, '홍구'의 동쪽은 초나라의 땅으로 하기로 약속했다(項王乃與漢約, 中分天下, 割鴻溝以西者爲漢, 鴻溝而東者爲楚). '항우'는 '태공'을 풀어주기로 허락하고, 즉시 '유방'의 부모와 처자식을 돌려보냈다(項王許之, 卽歸漢王父母妻子). 이에 군사들은 모두 만세를 불렀다(軍皆呼萬歲). ……'항우'는 협상을 마치고 바로 군대를 거두어 동쪽으로 돌아갔다(項王已約, 乃引兵解而東歸). 그래서 '유방'도 서쪽으로 돌아가려고 하였으나(漢欲西歸), 부하인 '장량(張良)'과 '진평(陳平)'이 '유방'을 설득했다. "한나라는 천하의 절반 이상을 가지고 있고, 제후들도 모두 우리를 따르고 있습니다(漢有天下太半, 而諸侯皆附之). 게다가 초나라 병사는 지치고 식량은 다 떨어졌습니다(楚兵罷食盡). 지금이 바로 하늘이 초나라를 멸망시키라고 주신 기회이니, 이때 초나라를 치는 것이 좋습니다(此天亡楚之時也, 不如因其機而遂取之). 지금 '항우'를 놓아주고 공격하지 않는다면(今釋弗擊), 이야말로 '양호자유환(養虎自遺患, 호랑이를 길러 스스로 화근을 남긴다)'입니다." 이에 한나라 '유방'은 이들의 의견을 따랐다(漢王聽之).

요즘 갑자기 새해 벽두부터 잇달아 아파트 화재사건에 인질살인사건 등이 일어나 불안하다. 건물 외벽에 불이 잘 붙는 스티로폼을 단열재로 넣는 '드라이비트공법'이나 굴뚝 역할을 한 건물간의 간격도 우리는 모르고 있었다니 정말 한심하다. 안전을 무시하고 돈만 생각하는 우리의 모습이 무섭고 슬프다. 사고가 터진 다음에야 부랴부랴 안전을 말하는 우리는, 늘 굶주린 호랑이를 옆에 두고 천운만 바라며 살고 있는 것은 아닌지.

2015.01.16

여리박빙
如履薄氷

'살얼음을 밟는 것과 같다'는 뜻으로, 우리나라 사전에는 '아주 위험한 짓을 함'을 비유한다고 한다. 하지만 중국에서는 '살얼음 밟듯이 언행을 조심하는 것'을 비유한다. '시경(詩經)'의 '소민(小旻)'에서 유래했다. 이 시는 본래 6장으로 구성되어 있는데, 여기에서는 뒤쪽 네 장만 예로 든다.

○ 거북점도 싫증이 나서, 내게 점괘를 알려주지 않네(我龜旣厭, 不我告猶). 책사는 많지만 의견이 모이지 않네(謀夫孔多, 是用不集). 발언은 조정에 가득한데, 누가 감히 그 잘못을 지적할 수 있을까(發言盈庭, 誰敢執其咎). 이는 마치 실제로 가보지도 않고 계획만 짜서, 정작 길을 나서면 쓸 데가 없는 것과 같네(如匪行邁謀, 是用不得于道). ○ 슬프도다. 나라 일을 도모함이여(哀哉爲猶). 옛 성현이나 대도(大道)를 법도로 삼지 않고(匪先民是程, 匪大猶是經), 가까운 사람의 말만 듣고 서로 다투네(維邇言是聽, 維邇言是爭). 이는 마치 지나가는 사람들과 상의하면서 집을 지면, 집을 제대로 지을 수 없는 것과도 같네(如彼築室于道謀, 是用不潰于成). ○ 나라에는 비록 법도가 없지만, 훌륭한 신하도 있고 그렇지 못한 신하도 있네(國雖靡止, 或聖或否). 백성들은 비록 부유하지는 않지만 현명한 이도 있고, 지략이 있는 이도 있고, 신중한 이도 있고, 잘 다스리는 이도 있네(民雖靡膴, 或哲或謀, 或肅或艾). 이는 저 샘물처럼 끊임없이 솟

아나 쇠락하지 않는 것과 같네(如彼泉流, 無淪胥以敗). ㅇ 호랑이는 감히 맨손으로 때려잡을 수 없고, 큰 강은 감히 배 없이 맨몸으로 건널 수 없네(不敢暴虎, 不敢馮河). 이 사실은 사람들이 모두 잘 알지만, 나라와 집안이 망해가는 것은 알지 못하네(人知其一, 莫知其他). 마치 깊은 못를 심연에 임한 것처럼, 살얼음을 밟는 것처럼, 언행을 조심하고 신중히 해야 하네(戰戰兢兢, 如臨深淵, 如履薄冰).

수천 년 전의 문학작품인 '시경'에 나오는 말인데, 요즘 상황과 크게 다르지 않다. 올 한 해도 잘 마무리해야 할 텐데, 여전히 어수선하다. 책임지지도 못할 망언이 세상에 난무하고, 각자 자기주장만 한다.

2013.12.13

오서지기
鼯鼠之技

'날다람쥐의 재주'라는 뜻으로 '재주는 많지만 변변한 것이 하나도 없어서 도움이 되지 않는 것'을 비유한다. '순자(荀子)'의 '권학(勸學)' 편에서 유래했다. 또 오서오기(梧鼠五技, 날다람쥐의 다섯 가지 재주), 오서기궁(梧鼠技窮, 날다람쥐는 여러 재주를 가지고 있지만 여전히 부족하다)이라고도 한다.

'지렁이'는 날카로운 발톱과 이빨도 없고 강한 근육과 뼈도 없지만, 위로는 진흙을 먹고 아래로는 깊은 땅속의 물을 마실 수 있는데, 그 이유는 마음이 한결같기 때문이다(螾無爪牙之利, 筋骨之强, 上食埃土, 下飮黃泉, 用心一也). '게'는 여덟 개의 다리와 두 개의 집게발을 가지고 있지만, 뱀과 장어의 구멍이 없으면 거처할 데가 없는데, 그 이유는 성격이 조급하기 때문이다(蟹八跪而二螯, 非蛇蟺之穴, 無可寄託者, 用心躁也). 이 때문에 마음속 깊은 곳에서 우러나는 의지가 없는 자는 밝은 깨달음이 없고(是故無冥冥之志者, 無昭昭之明), 전념하여 실천하지 않는 자는 혁혁한 성과가 없다(無惛惛之事者, 無赫赫之功). 갈림길을 가는 사람은 목적지에 이르지 못하고, 두 군주를 동시에 섬기는 자는 누구에게도 용납되지 않는다(行衢道者不至, 事兩君者不容). 눈은 동시에 두 가지를 바르게 볼 수 없고, 귀는 동시에 두 가지를 바르게 들을 수 없다(目不能兩視而明, 耳不能兩聽而聰). '등사(중국 전설상의 뱀)'는 발이 없어도 날 수 있지만, '날다람쥐'는 다섯 가지 재주를 가지고 있어도 여전히 부족하다(螣蛇無足而飛, 梧鼠五技而窮).

요즘 많은 사람들이 브라질월드컵으로 밤새 정신이 없는 것 같다. 지난 새벽에는 꼭 이길 거라고 믿었던 알제리에게 대패를 당해 모두들 충격이 크다. 그러나 냉정하게 생각하면 당연한 결과일지도 모른다. 평가전에서도 그런 조짐이 보였지만, 상대를 압도할 수 있는 우리만의 장기가 하나도 없었던 것 같다. 무엇보다도 평소에는 그다지 큰 관심이나 애정이 없다가, 큰 경기에서만 지나친 관심을 갖고 요행(僥倖)만을 바라는 우리가 가장 큰 패인이 아닐까.

2014.06.27

외강중건
外强中乾

'겉은 강하게 보이지만, 속은 탈진해 있다'라는 뜻으로, '실속이 없음'을 비유한다. '좌전(左傳)'의 '희공(僖公)十五年'에서 유래했다. 본래는 '外彊中乾'이라고 썼다. 진(晉)나라와 진(秦)나라 싸울 때 진(晉)나라 '혜공(惠公)'이 정(鄭)나라에서 선물한 '소사(小駟)'라는 말로 전차를 몰게 했다. 이에 그의 신하 '경정(慶鄭)'이 '혜공'에게 말했다.

> "옛날부터 큰일 때에는 반드시 자기나라 말을 탔습니다(古者大事, 必乘其產). 자기 땅에서 태어나고 자란 말이 자기나라 사람의 마음을 알고(生其水土, 而知其人心), 주인의 가르침에 편안해 하며 길도 익숙하니(安其敎訓, 而服習其道), 주인의 말을 잘 따라 항상 주인의 뜻에 어긋나지 않습니다(唯所納之, 無不如志). 지금 왕께서는 타지의 말을 타고 전쟁에 나서려 하십니다(今乘異產以從戎事). 만일 이 말이 겁을 먹게 되어 이상하게 변한다면 주인의 말을 듣지 않을지도 모르고(及懼而變, 將與人易) 또한 피가 솟구쳐 혈관이 터질 듯 미쳐 날뛸 것입니다(亂氣狡憤, 陰血周作, 張脈僨興). 겉으로는 강해보이지만 사실 속으로는 졸아 버려서, 진퇴도 불가하고 교전도 할 수 없으니 왕께서는 틀림없이 후회하실 것입니다(外彊中乾, 進退不可, 周旋不能, 君必悔之)." 그러나 '혜공'은 이 말을 듣지 않았다(弗聽), ……진(晉)나라가 진(秦)나라와 '한원(韓原)'에서 교전할

때, '혜공'의 말이 진흙에 빠져 헤어나지 못했다(晉戎馬還濘而止). ……진(秦)나라의 군대는 진(晉)나라 '혜공'을 생포하여 데리고 귀국했다(秦獲晉侯以歸).

2014년도 우리나라 국방비 예산은 약 35조8천억이나 된다. 대단한 규모이다. 게다가 국제 군사력 평가기관인 '글로벌 파이어 파워(Global Fire Power)'가 핵전력을 제외하고 평가한 군사력 순위에서 우리나라는 세계 9위를 차지하고 있다. 그러나 최근 군함, 잠수함, K21장갑차, K9자주포, K1A1전차, 수리온 헬기 등 거의 모든 분야에 걸쳐 비리의혹들이 계속 불거져 나오고 있는데, 우리의 군사력이 과연 정말 명실상부한 세계 9위라고 자부할 수 있을까.

2014.10.17

우공이산
愚公移山

'어리석은 노인이 산을 옮긴다'는 뜻으로, '남이 보기엔 어리석은 일처럼 보이지만, 한 가지 일을 끝까지 밀고 나가면 언젠가는 이룰 수 있음'을 비유한다. '열자(列子)'의 '탕문편(湯問篇)'에서 유래했다.

'태행산(太行山)'과 '왕옥산(王屋山)' 두 산은 사방 700리가 되고 매우 높았으며, 본래 '기주'의 남쪽, '황하'의 북쪽에 있었다. (太形王屋二山, 方七百里, 高萬仞, 本在冀州之南, 河陽之北). 중국의 '북산(北山)'에 '우공(愚公)'이라는 90세 된 노인이 있었는데, 두 산을 마주하고 살고 있었다(北山愚公者, 年且九十, 面山而居). 그는 두 산으로 길이 막혀 멀리 돌아다녀야만 했다(懲山北之塞, 出入之迂也). '우공'은 어느 날 가족을 모아놓고 상의했다. "험한 산을 평평하게 하게 하여 예주(豫州)의 남쪽까지 길을 내는 동시에 한수(漢水)의 남쪽까지 도달할 수 있도록 하려는데(吾與汝畢力平險, 指通豫南, 達于漢陰). 어떠냐?" 모두 찬성했으나, 그의 아내만이 의심하여 말했다(雜然相許, 其妻獻疑曰). "당신 힘으로는 '괴보(魁父)'라는 작은 언덕도 깎아내기 어려운데, '태행산'과 '왕옥산' 같은 큰 산을 어찌 할 수 있겠습니까?(以君之力, 曾不能損魁父之丘, 如太形王屋何) 또 파낸 흙과 돌은 어떻게 합니까?(且焉置土石)" 모두 잇달아 말했다. "흙은 '발해' 끝과 '은토'의 북쪽에다 버리면 됩니다(投諸渤海之尾, 隱土之北)." 마침내 그는 아들과 손자, 짐을 나를 수 있는 세 사람을 데리고, 돌을 깨고 흙을 파서 키와 삼태기로 '발해'의 끝으로 옮겼다(遂率子孫荷擔者三夫, 叩石墾壤, 箕畚運於渤海之尾).…… 이때 '하곡(河曲)'에 사는 '지수(智叟, 지혜로운 노인)'라는 사람이 웃으며 '우공'을 말렸다. …… '우공'은 장탄식하며 말했다. "…… 내가 죽더라도 내 자식이 남고(雖我之死, 有子存焉), 내 자식은 또 손자를 낳고, 또 손자는 또 자식을 낳고(子又生孫, 孫又生子), …… 이렇게 자자손손 끊임이 없고 산은 자라지 않을 테니, 어찌 산이 없어지지 않겠는가?(子子孫孫, 無窮匱也, 而山不加增, 何苦而不平)" 이에 '지수'가 대답하지 못했다(河曲智叟亡以應). 두 산을 지키는 산신이 이 말을 듣고 그들이 멈추지 않고 산을 계속 파 없앨 것을 두려워하여 상제(上帝)에게 고했다(操蛇之神聞之, 懼其不已也, 告之於帝). 상제는 '우공'의 정성에 감동하여 '과아씨(夸娥氏, 전설 속의 신)'의 두 아들에게 시켜 산을 하나는 삭동(朔東)에, 또 하나는 옹남(雍南)에 옮겨 놓게 했다(帝感其誠, 命夸蛾氏二子負二山, 一厝朔東, 一厝雍南).

요즘 13월의 세금폭탄이란 말이 나올 정도로 여론이 좋지 않다. 정부는 건강보험료 개편이 또 다른 형식의 증세가 되어 여론이 더 악화될 것을 두려워하여 개편을 멈추게 했다. 여론수렴과정도 없이 '선별적 복지'에서 '보편적 복지'로 바꾸고, 증세하지 않겠다고 하더니 결국 거짓말이 됐다. 증세하기 전에 누세를 막고 조세형평성을 보여줘야 되지 않을까. 어찌 '우공'처럼 천심을 감동시키듯이 민심을 움직이지 못하는가.

2015.02.06

위여누란
危如累卵

'알을 쌓아 놓은 것같이 위태(危殆)롭다'는 뜻으로, '몹시 위태로움'을 비유한다. '누란지위(累卵之危)' 또는 '누란지세(累卵之勢)'라고도 한다. '한비자(韓非子)'의 '십과(十過)'편에서 유래했으나, '설원(說苑)'의 기록이 재미있다.

진나라 '영공'이 9층이나 되는 누대를 지으려고 하는데 비용이 천금이었다(晉靈公造九層臺, 費用千金). '영공'이 신하들에게 말했다. "감히 간언하는 자가 있으면 참수하겠다(敢有諫者斬)" '순식(荀息)'은 이 말을 듣고 상소를 올려 뵙기를 청했다. '영공'은 쇠뇌를 당겨 화살을 시위에 물리고 그를 만났다(靈公張弩持矢見之). '순식'이 말했다. "저는 감히 간언할 수는 없지만(臣不敢諫也), 바둑알 12개를 쌓고 그 위에 계란 9개를 더 쌓을 수 있습니다(臣能累十二博棋, 加九鷄子其上)." '영공'이 말했다. "그럼 나를 위해 한 번 해보라(子爲寡人作之)." '순식'은 표정을 엄숙히 하고 마음을 가라앉히고 바둑알을 아래에 쌓고 계란 9개를 그 위에 또 쌓았다(荀息正顏色, 定志意, 以棋子置下, 加九雞子其上). 신하들은 모두 숨을 죽이고, '영공'도 숨을 제대로 쉬지 못했다(左右懼慴息, 靈公氣息不續). '영공'이 말했다. "위태위태하구나(危哉, 危哉)" '순식'이 말했다. "이것은 위태위태하다고 할 수 없습니다(此殆不危也). 이보다 더 위태위태한 것이 있습니다(復有危於此者)." '영공'이 말했다. "한 번 보고 싶구나(願見之)."

'순식'이 말했다. "9층이나 되는 누대를 3년 내에 완공하지 못하면, 3년 동안 남자들은 농사를 지을 수 없고 여자들은 베를 짤 수 없습니다(九層之臺三年不成, 男不耕, 女不織). 이렇게 되면 국고는 다 비게 되고 이웃나라가 군사를 일으켜 나라가 망하고 나면, 누대에서 뭘 보시겠습니까?(國用空虛, 鄰國謀議將興, 社稷亡滅, 君欲何望)" 영공은 "과인이 잘못했네!(寡人之過也乃至於此)"라고 말하고는, 바로 9층 누대를 지을 계획을 폐기하였다(卽壞九層臺也).

요즘 북한이 만든 무인항공기가 잇따라 발견되어 야단이다. 심지어 청와대 상공까지 방공망이 뻥 뚫렸다니, 그야말로 '누란지세'라 아니할 수 없다. 백령도 인근 북방한계선(NLL) 이남 해상으로 포격하는 등 북한의 도발이 계속되는 현 상황에서 어떻게 '통일'을 말해야 하나.

2014.04.11

유인유여
遊刃有餘

'칼날을 놀리는데 여유가 있다'라는 뜻으로, '일처리가 매우 익숙하고 솜씨가 좋음'을 비유한다. '장자(莊子)'의 '양생주(養生主)'편에서 유래했다. 전국시대 위(魏)나라의 '혜왕(惠王)'이 소를 잡는 '포정(庖丁)'의 모습을 보고 놀라 칭찬하자, '포정'이 답하였다.

"제가 좋아하는 것은 도(道)로서 기술보다 앞섭니다(臣之所好者道也, 進乎技矣).………자연의 이치에 따라 살과 뼈 사이의 틈새와 뼈마디 사이의 공간을 따라 칼을 넣어 소의 신체구조 대로 따라갑니다(依乎天理, 批大郤, 導大窾, 因其固然).………훌륭한 요리사는 일 년에 한 번 칼을 바꾸는데 그것은 고기를 자르기 때문이고(良庖歲更刀, 割也), 보통 요리사는 한 달에 한 번 칼을 바꾸는데 뼈를 치기 때문입니다(族庖月更刀, 折也). 지금 제 칼은 19년이 됐고 소 수천마리를 잡았는데 칼날은 방금 숫돌에 간 것 같습니다(今臣之刀十九年矣, 所解數千牛矣, 而刀刃若新發於硎). 뼈마디 사이에 공간이 있는데 칼날은 아주 얇아서 그 사이에 넣으면, 칼날을 놀리는데 널찍하여 여유가 있습니다(彼節者有間, 而刀刃者无厚, 以无厚入有間, 恢恢乎其於遊刃必有餘地矣). 이러한 이유로 제 칼날은 19년이 됐어도 방금 숫돌에 간 것 같습니다(是以十九年而刀刃若新發於硎). 이렇다 하더라도 매번 살과 뼈가 붙어 있는 곳을 대할 때마다 그 어려움을 알고 아주 조심스럽게 경계하며, 시선을 멈추고 천천히 칼을 아주 정밀하게 움직이면, 쓱 하고 살과 뼈가 분리됩니다(雖然, 每至於族, 吾見其難爲, 怵然爲戒, 視爲止, 行爲遲, 動刀甚微, 謋然已解).………”

요즘 러시아의 소치에서 동계올림픽이 열리고 있다. 이 대회에 참가한 선수들은 모두 ‘포정(庖丁)’처럼 칼날을 움직이고 있지만, 얼음 위에서 하는 일이라 뜻대로 되지 않는다. 이런 얼음판에서 드디어 우리나라도 ‘이상화’ 선수가 금메달을 땄다. 금 2연패 정말 하기 어려운 일인데 해냈다. 그리고 또 한 명의 승리자가 있는데, 우리는 그를 간과해서는 안 된다. 그는 바로 국가대표로 6번째 올림픽에 출전한 ‘이규혁’ 선수이다. 이 자체만 해도 금메달감이다. 누가 이렇게 할 수 있겠는가. 인간의 한계에 도전하는 우리 선수 모두가 자랑스럽다.

2014.02.14

음짐지갈
飮鴆止渴

'짐(鴆)이라고 하는 새의 깃털을 담은 독주를 마셔, 갈증을 멈추게 하다'라는 뜻으로 '당장 눈앞의 어려움을 해결하기 위하여 잘못된 방법인줄 알면서도 사용함'을 비유한다. '짐(鴆)'은 전설 속의 새로 그 깃털을 술에 넣으면 독이 생겨 사람을 죽일 수 있다고 한다. '후한서(後漢書)'의 '곽서(霍諝)'열전(列傳)에서 유래했다. '곽서'는 후한(後漢)때 사람인데 어릴 때부터 매우 총명했다고 한다. 그가 15살이 되던 해에 외삼촌인 '송광(宋光)'이 황제의 조서를 함부로 고쳤다고 누군가가 무고하여, '송광'은 감옥에 갇혀 심한 고문을 받았다. 이에 '곽서'가 대장군 '양상(梁商)'에게 다음과 같이 글을 올려 변호했다.

> '송광'은 관료의 자손으로 벼슬길이 순조로웠습니다(光衣冠子孫, 徑路平易). 현재 그의 지위는 지방의 수장이지만, 앞으로 조정으로 들어갈 수 있는 인재입니다(位極州郡, 日望徵辟). 또한 그는 조그마한 과실이나 결점도 없는 사람인데, 이유 없이 황제의 조서를 고쳐서 무엇을 얻겠습니까?(亦無瑕穢纖介之累, 無故刊定詔書, 欲以何名) 설사 조서에 의심스러운 점이 있었더라도, 그는 편하고 온당한 방법을 찾아 고쳤을 것입니다(就有所疑, 當求其便安). 어찌 죽음을 무릅쓰고 사소한 것을 해결하려고 했겠습니까 ? (豈有觸冒死禍, 以解細微) 이런 행위는 시장기를 없애려고 부자(附子)라는 극약을 먹고, 갈증을 멈추게 하려고 독주를 마시는 것과 같

아서, 독이 위장에 들어가기도 전에 목구멍에 이르면 벌써 죽어버리는데, 어찌 이런 무모한 짓을 하겠습니까!(譬猶療飢於附子, 止渴於酖毒, 未入腸胃, 已絶咽喉, 豈可爲哉)

2011년 3월11일 일본 후쿠시마 원전 사고가 일어났고, 그 이후 계속 방사능과 오염수가 누출되고 있다. 아베 일본총리가 아무리 "원전의 오염수는 완전히 차단됐다"고 하지만, 어느 누가 믿겠는가. 우리나라 원전에서도 크고 작은 사고가 계속 일어나고 있다. 우리가 원전을 담보로 전기를 남용하는 것이 어찌 '독주를 마시며 갈증을 해소하려고 하는 것'과 다르겠는가.

2013.10.11

이도삼사
二桃三士

본래는 '이도살삼사(二桃殺三士, 복숭아 두 개로 무사 세 명을 죽이다)'라고 하며, '자신은 직접 드러내지 않고 남을 이용하여 사람을 해치는 것'을 비유한다. '안자춘추(晏子春秋)'의 '간(諫)'편에서 유래했다.

'공손접(公孫接)'과 '전개강(田開疆)', '고야자(古冶子)'는 '경공(景公)'을 모셨다. 그들은 용감하고 힘이 있어 호랑이를 때려잡을만하다고 소문나 있었다(以勇力搏虎聞). '안자(晏子)'가 그들 앞을 급히 지나가는데도, 그들은 일어나지 않았다(晏子過而趨, 三子者不起). '안자'가 '경공'을 만나 말했다. "……지금 왕께서 데리고 있는 무사들은 위로는 군신 간의 의리가 없고, 아래로는 지휘관과 부하 간의 질서가 없습니다(今君之蓄勇力之士也, 上無君臣之義, 下無長率之倫). 또 그들은 안으로 폭력을 막을 수도 없고, 밖으로 적에게 위협을 줄 수도 없습니다(內不以禁暴, 外不可威敵). 이들은 나라를 위협하는 인물이니 없애는 것이 낫습니다(此危國之器也, 不若去之)." '경공'이 말했다. "이 세 사람은 힘이 장사라 죽이려해도 죽일 수 없습니다(三子者, 搏之恐不得, 刺之恐不中也)." '안자'가 말했다. "이들은 모두 힘으로 강적을 공격하는 사람으로, 위아래 예절이 없습니다(此皆力攻勍敵之人也, 無長幼之禮)." 그래서 '안자'는 '경공'에게 사람을 시켜 복숭아 두 개를 보내고(因請公使人少餽之二桃), 공이 큰 사

> 람이 먹도록 했다. ……['공손접'과 '전개강'이 자신의 무용담을 자랑하고 마지막으로 '고야자'가 말하고 나자]…… '공손접'과 '전개강'은 말했다. "우리는 그대보다 용감하지도 않고 공도 부족합니다(吾勇不子若, 功不子逮). 그런데도 복숭아를 내놓지 않는다면 이것은 탐욕이며, 죽지 않는다면 비겁한 것입니다(取桃不讓, 是貪也, 然而不死, 無勇也)." 그들은 복숭아를 돌려주고, 스스로 목을 베고 죽었다(皆反其桃, 挈領而死). '고야자'가 말했다. "두 사람이 죽고 나만 산다는 것은 불인(不仁)이고(二子死之, 冶獨生之, 不仁), 남에게 수치심을 주고 내 자랑만 한 것은 불의(不義)이니(恥人以言, 而夸其聲, 不義), 내 행동을 후회하면서도 죽지 않으면 비겁한 것이다(恨乎所行, 不死, 無勇). ……" 그 또한 복숭아를 돌려주고, 스스로 목을 베고 죽었다(亦反其桃, 挈領而死).

최근에 많은 사람들이 자살했다. 왜 스스로 목숨을 버려야만 했는지, 이해가 되지 않는다. 단지 누군가가 또는 어떤 조직이 그들을 죽음으로 몰아넣은 듯 의심스러울 뿐이다. '안자'는 무사들이 나라를 위태롭게 한다고 죽였는데, 그게 과연 최선이었을까.

2015.07.24

이이제이
以夷制夷

'오랑캐로 오랑캐를 제어하다'라는 뜻으로, '적을 이용해 다른 적을 제어함'을 비유한다. 본래는 '이이벌이(以夷伐夷, 오랑캐로 오랑캐를 치다)'라고 하며, '이이공이(以夷攻夷)'라고도 한다. '후한서(後漢書)'의 '등구(鄧寇)'열전에서 유래했다. 후한(後漢) 때 서북방의 이민족인 '강족(羌族)'은 감히 한나라는 공격하지 못하고 '월지(月氏)'를 위협했다. 이 때 한나라 장군인 '등훈(鄧訓)'은 '월지(月氏)'를 보호하여 이민족 간의 전쟁을 막았다.

이에 대해 이견을 제기한 사람들이 있었는데, 이들은 모두가 '강족'과 '월지족' 간의 전쟁은 한나라에 유리하고 오랑캐로 오랑캐를 치는 것이니, 그들의 전쟁을 막고 '월지족'을 보호해서는 안 된다고 했다(議者咸以羌胡相攻, 縣官之利, 以夷伐夷, 不宜禁護). 이에 '등훈'이 말했다. "그렇지 않습니다(不然). 지금 '장우(張紆)' 장군이 그들과의 신의를 저버려서 '강족'이 군사를 크게 일으켰습니다(今張紆失信, 衆羌大動). 그런데 우리의 둔병(屯兵)이 2만이 넘고, 이로 인한 군수품 운송비용으로 국고가 고갈되어 '양주(涼州)'의 관리와 백성들의 목숨이 매우 위험합니다(經常屯兵, 不下二萬, 轉運之費, 空竭府帑, 涼州吏人, 命縣絲髮). '월지족'의 불만을 헤아려보면 모두가 우리의 원조와 상호간의 신뢰가 부족했기 때문입니다(原諸胡所以難得意者, 皆恩信不厚耳). 지금 '월지족'이 위급할 때 우리가 그들에게 은혜를 베풀어 그들을 끌어안으면 아마도 쓸모가 있을 것입니다(今因其迫急, 以德懷之, 庶能有用)". 마침내 '등훈'은 성문을 열고 '월지족' 거주 지역으로 가서 그들의 가족을 성내로 들어오게 하고, 군대를 보내 그 지역을 지켰다(遂令開城及所居園門, 悉驅群胡妻子內之, 嚴兵守衛). 그래서 '강족'은 아무것도 약탈하지 못하고 '월지족'을 감히 위협하지도 못하고 군대를 철수시켰다(羌掠無所得, 又不敢逼諸胡, 因卽解去).

최근 국회 인사청문회를 통해 두 법조계 고위인사의 아들 모두가 삼성전자에 다니고 있다는 사실이 밝혀졌다. 우연일까. 하지만 이런 유사한 예는 이뿐만 아니라 지난 2월 이후에 퇴직한 취업제한 대상 공무원 73명이 모두 재취업했는데, 여러 대기업 중에서 삼성그룹이 제일 많다고 한다. 이공제공(以公制公, 공직자로 공직자를 제어한다)?

2013.11.22

이일경백
以一警百

'하나를 가지고 백이 경계하여 조심하게 한다'는 뜻으로 '본보기로 한 사람에게 벌을 주어 다른 여러 사람에게 경각심을 불러일으키게 함'을 비유한다. '한서(漢書)'의 '윤옹귀(尹翁歸)'전에서 유래했다. 징일여백(懲一勵百, 한 사람에게 벌을 주어 여러 사람이 법을 지키도록 권면하다) 또는 일벌백계(一罰百戒)라고도 한다.

'윤옹귀'는 동해(東海)지역을 통치했는데 통찰력이 있어, 군(郡)에 살고 있는 관리와 백성 중에 누가 현명한지 잘 알고, 간사한 자들의 죄명까지도 모두 잘 알고 있었다. 그는 현(縣)마다 각각 할 일을 기록하고 직접 듣고 처리하였다(縣縣各有記籍, 自聽其政). 관리가 업무를 급하게 처리하면 조금 천천히 처리하도록 했으나, 관리나 백성이 조금이라도 해이해지면 바로 들추어내어 기록했다(有急名則少緩之, 吏民小解輒披籍). 현(縣)마다 간교한 관리와 토호(土豪)를 잡아들이고 그 죄를 조사하여 심한 경우는 사형에 처했다(縣縣收取黠吏豪民, 案致其罪, 高至於死). 그는 가을 겨울에 관리의 성적에 대한 고과를 할 때에만 죄인을 체포하였다(收取人必於秋冬課吏大會中). 그가 현(縣)으로 순시 나가는 것은 일이 있을 때이며(及出行縣, 不以無事時), 그가 죄인을 체포하면 일벌백계하였다(其有所取也, 以一警百). 관리와 백성 모두 그를 믿고 따르며 두려워하여 스스로 잘못을 뉘우치고 새 출발하였다(吏民皆服, 恐懼改行自新). 동해의 담

현(郯縣)에 토호 허중손(許仲孫)이 있었는데 그는 매우 간교하고 공무집행을 어지럽혀서 군(郡)에서 골칫거리였다(東海大豪郯許仲孫爲奸猾, 亂吏治, 郡中苦之). 군수가 그를 체포하려 했으나, 그는 매번 자신의 세력에 의지하여 속임수를 써서 법망을 피해 끝내 그를 제재할 수 없었다(二千石欲捕者, 輒以力勢變詐自解, 終莫能制). 그러나 '윤옹귀'가 그곳에 온 후에 죄를 따져 '허중손'을 저자거리에서 처단했다(翁歸至, 論棄仲孫市). 모든 군민(郡民)들은 놀라고 두려워하여 법에 어긋나는 일을 감히 하지 못했다(一郡怖栗, 莫敢犯禁).

드디어 전직 대통령의 아들이 추징금을 완납하겠다는 계획을 발표했다. 하지만 왠지 미심쩍다. 어쨌든 역대 정부가 해결하지 못한 일을 새 정부가 하나씩 해결하고 있다는 것은 실로 대단한 일이다. 이것이 끝이 아니라 시작으로, '이일경백'의 효과가 파급되길 바란다.

2013.09.13

일구지학
一丘之貉

'같은 언덕에 사는 너구리'라는 뜻으로 '그놈이 다 그놈으로 서로 큰 차이가 없음'을 비유한다. '한서(漢書)'의 '양운(楊惲)'전에서 유래했다. '양운'은 '사마천(司馬遷)'의 외손자인데, 매우 청렴(淸廉)하고 강직한 인물이었다. 그래서 그런지 그는 한나라 '선제(宣帝)'의 친구인 '대장락(戴長樂)'과 사이가 좋지 않았다. 어느 날 '대장락'이 고소를 당해 하옥되자, 그는 '양운'의 소행이라고 생각하고 상소를 올렸다.

'대장락'이 상소를 올려 말했다. "'양운'은 한나라에 투항한 흉노족에게서 '선우(흉노의 군주를 높여 부르는 말)'가 피살됐다는 말을 듣고(惲聞匈奴降者道單于見殺), 이렇게 말했습니다. "어리석은 군주를 만나면 대신이 나라를 다스리는 좋은 계획을 마련해놔도 사용하지 않고, 스스로 목숨만 잃게 되고 만다(得不肖君, 大臣爲畫善計不用, 自令身無處所). 이는 마치 진나라 때 소인만 기용하고 충신은 죽이다가, 결국 멸망하고 만 것과 같다(若秦時但任小臣, 誅殺忠良, 竟以滅亡). 만약 진나라가 대신을 신임하고 기용했다면 지금까지도 존속했을 것이다(令親任大臣, 卽至今耳). 옛날이나 지금이나 소인만 신임하는 어리석은 군주들은 '같은 언덕에 사는 너구리들'처럼 별다른 차이가 없다(古與今如一丘之貉)." '양운'은 이처럼 함부로 망한 나라에 빗대어 현 조정을 비방하고 있으니, 신하의 예가 아닙니다(惲妄引亡國以誹謗當世, 無人臣禮)."……결국 '선제'는 차마 '양운'과 '대장락'을 죽이지는 못하고, 그들의 관직만 빼앗아 평민으로 만들라고 명령하였다(上不忍加誅, 有詔皆免惲•長樂爲庶人).

최근 새로운 내각(內閣)의 인선(人選)에 대해서 여야가 또 논쟁 중이다. 이런 현상은 새로운 정권이 들어서도, 여야(與野)의 위치가 바뀌어도 변함없이 계속 생기고 있다. 정말로 무난하고 능력 있는 정치인은 한 명도 없는 것인지. 초록(草綠)은 정말 동색(同色)인가.

2014.06.20

일기이족
一夔已足

‘기(夔, 요순堯舜시대 음률에 정통한 악사樂師) 한 사람이면 충분하다’라는 뜻으로 ‘진정한 인재라면, 한 명으로도 충분함’을 비유한다. ‘한비자(韓非子)’의 ‘외저설(外儲說)좌하(左下)’편에서 유래했다.

노(魯)나라 ‘애공(哀公)’이 ‘공자(孔子)’에게 물었다. “제가 옛날에 ‘기(夔)’라는 악사는 발이 하나라고 들었는데, 정말로 발이 하나입니까?(吾聞古者有夔一足, 其果信有一足乎)” 공자가 대답했다. “아닙니다(不也). ‘기’는 발이 하나가 아닙니다(夔非一足也). ‘기’라는 사람은 화를 잘 내고 불량하여 사람들 대부분이 싫어합니다(夔者忿戾惡心, 人多不說喜也). 그럼에도 불구하고, 다른 사람들에게 해를 당하지 않은 것은 그에게 신의가 있었기 때문입니다(雖然, 其所以得免於人害者, 以其信也). 그래서 사람들은 ‘기’는 오직 이것 한 가지면 족하다고 말하는 것입니다(人皆曰獨此一足矣). ‘기’는 발이 하나가 아니고, 한 가지면 족하다는 뜻입니다(夔非一足也, 一而足也).” ‘애공’이 말했다. “참으로 그렇다면, 물론 충분하겠지요(審而是, 固足矣).” 또 일설에 의하면, ‘애공’이 ‘공자’에게 물었다. “제가 ‘기’라는 악사는 발이 하나라고 들었는데, 정말입니까?(吾聞夔一足, 信乎)” ‘공자’가 답했다. “‘기’도 사람인데 어찌 발이 하나겠습니까?(夔, 人也, 何故一足) 그는 다른 특이한 점은 없으나, 오직 음악에만 정통했습니다(彼其無他異, 而獨通於聲). 그래서 ‘요(堯)’임금이 ‘기’ 한 사람이면 충분하다(夔一而足矣)고 말하고, 그를 '악정(樂正)'으로 삼았습니다. 군자들이 '기유일족(夔有一足)'이라고 말하는데, 이 말은 발이 하나라는 뜻이 아닙니다(非一足也)."

악의적인 흑색선전이 난무하던 선거도 끝났다. 우리는 후보자가 '일족(一足)'이라는 말을 믿고, 선택하기도 하고 선택하지 않기도 했다. 과연 내 선택이 옳은지. 정말 '발(足)이 하나(一)뿐인 사람'인지 아니면 '한(一) 명이면 족(足)한, 능력 있는 사람'인지는 우리가 두고 볼일이다.

2014.06.06

일발천균
一髮千鈞

'머리카락 한 가닥에 3만근'이라는 뜻으로, '매우 위태로움'을 비유한다. '일발인천균(一髮引千鈞, 머리카락 한 가닥으로 3만근을 끌다)', '천균일발(千鈞一髮)', '위기일발(危機一髮)'이라고도 한다. '한서(漢書)'의 '매승(枚乘)'전에서 유래했다. '매승'은 '유비[劉濞, 유방(劉邦)의 조카로 오(吳)지방의 제후]'의 신하였는데, 그가 반란을 꾀하자 상소를 올렸다.

충신이 무거운 형벌도 피하지 않고 직언하면, 모든 일에 빈틈이 없고 그 공적이 만세에 전해집니다(忠臣不避重誅以直諫, 則事無遺策, 功流萬世). 저 '매승'은 제 속을 드러내며 우둔한 충정을 바치려 하니, 왕께서는 측은한 마음으로 제 말에 귀기울여주십시오(臣乘願披腹心而效愚忠, 唯大王少加意念惻怛之心於臣乘言). 실 한 가닥에 3만근이나 되는 무거운 물건을 끝없이 높은 곳에 매달고, 깊이를 알 수 없는 연못에 늘어뜨려 놓으면(夫以一縷之任係千鈞之重, 上縣無極之高, 下垂不測之淵), 아무리 어리석은 사람도 그 실이 끊어질까 슬피 탄식합니다(雖甚愚之人猶知哀其將絶也). …… 하늘에 매달은 실이 끊어지면 다시 묶을 수 없고, 깊은 연못에 빠지면 다시 헤어 나오기 어렵습니다(係絶於天不可復結, 隊入深淵難以復出). 그 어려움에서 벗어나는가 그렇치 못하는가는 간발의 차이입니다(其出不出, 間不容髮). 왕께서 충신의 말을 들으신다면 모든 일이

> 재앙에서 벗어날 수 있을 것입니다(能聽忠臣之言, 百擧必脫). 만약 하시고 싶은 대로 하신다면 쌓아놓은 계란보다 위태롭고, 하늘로 올라가는 것보다도 어려울 것입니다(必若所欲爲, 危於累卵, 難於上天). 하시려고 하는 일을 바꾸시는 것은 손바닥을 뒤집는 것보다도 쉽고, 태산보다도 튼튼하여 흔들림이 없으실 것입니다(變所欲爲, 易於反掌, 安於太山). ……

지난주 예비군 훈련 중에 총기사고로 많은 사람이 다치고 죽기도 했다. 우리는 수많은 '안전사고'를 겪고도 여전히 '위험'에 대해 무감각하고, 알게 모르게 많은 '위험'에 노출되어 있는 것 같다. 온 국민이 모두 머리 위에 작은 돌멩이라도 대롱대롱 매달아 놓고 살아야 할까보다.

2015.05.22

임연선어
臨淵羨魚

'연못을 내려다보며 물고기만 탐내다'라는 뜻으로 '바람이나 욕심만 있고 실제 행동이나 조치가 없음'을 비유한다. '한서(漢書)'의 '동중서(董仲舒)'전에서 유래했다. 또 '임하선어(臨河羨魚)'라고도 하는데, 이 말은 '회남자(淮南子)'의 '설림훈(說林訓)'에 보인다.

한(漢)나라가 천하를 통일한 이래로 항상 나라를 잘 다스리려고 했으나, 아직도 잘 다스려지지 못하는 이유는 개혁해야 할 때 개혁하지 못했기 때문이다(漢得天下以來, 常欲善治而至今不可善治者, 失之於當更化而不更化也). 옛말에 "연못을 내려다보며 물고기만 탐내느니, 물러나서 그물을 짜는 것이 낫다(臨淵羨魚, 不如退而結網)"라고 했다. 한(漢) 나라가 정권을 잡고 선치하기를 희망한지 70여년이 되었다(今臨政而願治七十餘歲矣). 이제 한걸음 물러나 개혁하는 것이 더 낫지 않을까?(不如退而更化). 개혁하면 선치를 할 수 있고, 선치를 하면 재해는 나날이 사라질 것이며, 복록은 계속하여 찾아올 것이다(更化則可善治, 善治則災害日去, 福祿日來). '시경(詩經)'에 이런 말이 있다. "백성의 뜻에 맞게 적재적소에 인재를 쓰면, 하늘에서 복록을 받는다(宜民宜人, 受祿于天)." 정치가 백성의 뜻에 부합되면 본래 하늘에서 복록을 받는 것이 마땅하다(爲政而宜於民者, 固當受祿于天). 인·의·예·지·신 등 사람이 행해야 할 영원불변의 다섯 가지 도리는 왕이 마땅히 수양하고 갖추어야 할 덕목이다(夫仁誼禮

知信五常之道, 王者所當脩飭也). 이 다섯 가지 덕목을 잘 수양하고 갖추면, 하늘이 보우하고 귀신의 도움도 받을 수 있으며(五者脩飭, 故受天之祐, 而享鬼神之靈), 왕의 은덕도 나라 밖으로 퍼지어 만물에게 미치게 될 것이다(德施于方外, 延及群生也).

또 지방선거를 해야 한다. 대략 공천도 끝나고 본격적으로 선거운동이 시작될 것 같다. 지금부터 우리는 누가 공약(空約)만 앞세우고 실천하지 않았는지 철저히 살펴보아야 한다. 이제라도 물고기만 탐하며 그물을 짜지 않는 어부는 영원히 사회에서 사라지게 해야 하지 않을까.

2014.05.16

장신장의
將信將疑

'반신반의하다'는 뜻으로, '믿을 수 없음'을 비유한다. 당(唐)나라 시인 '이화(李華)'의 '조고전장문(弔古戰場文, 옛 전쟁터에서 추도하여 지은 글)'에서 유래했다.

수많은 백성들 중에 부모가 없는 사람이 있을까(蒼蒼蒸民, 誰無父母). 부모는 자식을 안고 업고 손을 잡고 가며, 자식이 수명을 다하지 못할까 두려워한다(提攜捧負, 畏其不壽). 수족과 같은 형제가 없는 사람이 있을까(誰無兄弟, 如足如手). 귀한 손님 같고 친구 같은 처가 없는 사람이 있을까(誰無夫婦, 如賓如友). 무슨 은혜를 입어서 살았고, 무슨 죄를 져서 죽었단 말인가(生也何恩, 殺之何咎). 그가 살았는지 죽었는지 집에서는 알 길이 없다(其存其歿, 家莫聞知). 간혹 사람 편에 보낸 소식을 들어도 믿을 수 없다(人或有言, 將信將疑). 마음을 졸이며 걱정하여 꿈에서도 보인다(悁悁心目, 寤寐見之). 제사상을 차리고 술을 붓고 하늘을 보며 통곡하니, 천지도 수심에 잠기고 초목도 슬퍼한다(布奠傾觴, 哭望天涯, 天地爲愁, 草木悽悲). 제사도 지내지 못하니 혼백들은 어디로 간단 말이오(弔祭不至, 精魂何依). 전쟁 뒤에는 흉년이 들기 마련이니 사람들은 살 곳을 찾아 헤매게 된다(必有凶年, 人其流離). 아아(嗚呼噫嘻). 이것은 시대를 잘못 타고 난 것인가(時耶). 운명인가(命耶). 예로부터 이러하였으니 어찌하겠는가(從古如斯, 爲之奈何). (인정(仁政)을 펴야만) 사방의 이민족들이 천자를 위해 국토를 지키게 된다(守在四夷).

어제 美국방부 장관이 우리나라를 처음 공식적으로 방문했다. 그는 일본에서 한일의 과거사 갈등보다는 북한 핵문제 등에 대처하기 위해 한·미·일이 손을 잡아야 한단다. 또 우리 국방부는 사드(THAAD)는 이번 한·미 국방장관 회담의 의제가 아니라고 했다. 누가 물어봤나. 정말일까. 사드로 북한의 미사일을 과연 몇 개나 떨어뜨릴 수 있는 걸까. 미국의 진짜 목적은 뭔지.

2015.04.10

재대난용
材大難用

‘재목(材木)이 너무 커서 작은 일에 쓰기 어렵다’는 뜻으로, ‘재능과 학문이 있으면서도 펼칠 기회를 만나지 못함’을 비유한다. ‘장자(莊子)’의 ‘소요유(逍遙遊)’편에서 유래했다.

‘혜자(惠子)’가 ‘장자’에게 말했다. “내게 큰 나무가 있는데 사람들은 이를 ‘가죽나무’라고 합니다(吾有大樹, 人謂之樗). 그 나무의 큰 줄기는 울퉁불퉁하여 먹줄에 맞지 않고(其大本擁腫而不中繩墨), 작은 가지들은 구불구불해서 곱자나 그림쇠에도 맞지 않습니다(其小枝卷曲而不中規矩). 그래서 그 나무는 길가에 서 있어도 장인은 쳐다보지도 않습니다(立之塗, 匠者不顧). 이와 같이 지금 당신의 말은 크기만 하고 쓸모가 없어서 사람들이 모두 피합니다(今子之言, 大而無用, 衆所同去也).” ‘장자’가 말했다. “당신은 어찌 살쾡이의 경우를 보지 못했습니까?(子獨不見狸狌乎) 살쾡이는 몸을 낮추고 엎드려 왔다 갔다 하는 작은 짐승을 기다리고(卑身而伏, 以候敖者), 이리 저리 뛰며 높고 낮은 데를 가리지 않다가 결국 덫에 걸려 그물에서 죽습니다(東西跳梁, 不避高下, 中於機辟, 死於罔罟). 지금 ‘이우(犛牛)’라는 소는 그 크기가 하늘을 온통 덮듯이 드리운 구름처럼 커서(今夫犛牛, 其大若垂天之雲), 이 소는 큰일은 할 수 있지만 작은 쥐는 잡을 수 없습니다(此能爲大矣, 而不能執鼠). 지금 당신은 가지고 있는 큰 나무가 쓸모가 없다고 걱정하는데(今子有大樹, 患其無用), 당신은 어찌 텅 빈 마을이나 드넓은 들판에 그것을 심고, 그 옆에서 자연스레 노닐거나 그 밑에서 유유자적하며 누우려 하지 않습니까?(何不樹之於無何有之鄕, 廣莫之野, 彷徨乎無爲其側, 逍遙乎寢臥其下) 그 나무는 도끼에 찍혀 요절할 리도 없고 아무도 해치지 않을 것입니다(不夭斤斧, 物無害者). 쓸모가 없는데 어찌 곤경에 빠지겠습니까(無所可用, 安所困苦哉)."

며칠 전 '국민권익위원회'가 처벌규정을 대폭 완화한 '김영란법(부정청탁금지 및 공직자 이해충돌 방지법)' 수정안을 여당에 제출한 것으로 알려져 논란이 되고 있다. 게다가 여야 간 예산심의를 위한 교섭이 깨졌다는 이유로 심의마저 보류됐다고 한다. '먹줄'이나 '그림쇠'로도 바로잡을 수 없는 이런 거대한 존재가 과연 우리에게 필요한 것일까.

2014.11.28

재여부재
材與不材

'쓸모 있음과 쓸모없음'이라는 뜻으로, '사람의 재능'을 비유한다. '장자(莊子)'의 '산목(山木)'편에서 유래했다.

'장자'가 산속을 걷다가 큰 나무를 보았는데, 그 나무는 가지와 잎이 무성했다(莊子行於山中, 見大木, 枝葉盛茂). 한 나무꾼은 그 나무 옆에 멈춰 섰으나 그 나무를 베지는 않았다(伐木者止其旁而不取也). '장자'가 나무꾼에게 그 이유를 물었다. 나무꾼이 답했다. "쓸데가 없습니다(無所可用)." '장자'가 말했다. "이 나무는 쓸모가 없어서 천수를 다하는구나(此木以不材得終其天年)." '장자'가 산에서 내려와 친구 집에서 머물게 됐다(夫子出於山, 舍於故人之家). 친구는 기뻐하며 하인에게 기러기를 잡아 요리를 하라고 했다(故人喜, 命豎子殺雁而烹之). 하인이 주인에게 물었다. "한 마리는 잘 울고, 다른 한 마리는 잘 울지 못하는데, 어느 놈을 잡을까요?(其一能鳴, 其一不能鳴, 請奚殺)" 주인이 답했다. "잘 울지 못하는 놈을 잡아라(殺不能鳴者)." 다음날 제자가 '장자'에게 물었다. "어제 산속의 나무는 쓸모가 없어서 천수를 누릴 수 있었고(昨日山中之木, 以不材得終其天年), 오늘 주인 집 기러기는 쓸모가 없어서 죽습니다(今主人之雁, 以不材死). 선생님께서는 앞으로 어떻게 처신하시려고 하십니까?(先生將何處)" '장자'가 웃으며 말했다. "나는 쓸모 있는 것과 쓸모없는 것 사이에 있으려고 한다(周將處乎材與不材之間). 쓸모 있는 것과 쓸모없는 것 사이라는 것은 중용의 도(道)와 비슷한 것 같지만 사실은 아니다(材與不材之間, 似之而非也). 그래서 양쪽으로 얽히지 않을 수 없다(故未免乎累). 그러나 만약 자연의 이치에 따라 순응한다면, 그렇지 않을 것이다(若夫乘道德而浮游則不然)."

며칠 전 한 사진작가가 아름다운 금강송 사진을 찍기 위해, 자신의 작품구도 설정에 방해가 된다는 이유로 수령이 220년이나 되는 금강송 11그루와 활엽수 14그루를 불법으로 벌채했다고 한다. 이 작가는 평소 금강송이 곧 멸종될 것이라며 사진으로 기록을 남기겠다던 작가라고 하니, 더 충격적이다. 참, 사람의 욕심이란 알 수 없다.

2014.07.18

적토성산
積土成山

'흙을 쌓아 산을 만들다'라는 뜻으로 '작은 일도 끊임없이 최선을 다하면 큰 성과를 이룰 수 있음'을 비유한다. '순자(荀子)'의 '권학(勸學)'편에서 유래했다. 적소성대(積小成大) 또는 적진성산(積塵成山, 티끌 모아 태산)이라고도 한다.

흙을 쌓아 산을 만들면 그곳에서 비와 바람이 일고(積土成山, 風雨興焉), 물을 모아 연못을 만들면 그곳에서 교룡이 생긴다(積水成淵, 蛟龍生焉). 선행을 쌓아 덕을 이루면, 깊은 이치를 스스로 깨닫게 되어 성인의 마음을 갖게 된다(積善成德, 而神明自得, 聖心備焉). 그러므로 반걸음씩이라도 앞으로 나아가지 않고서는 천리에 도달할 수 없고(故不積蹞步, 無以致千里), 작은 물줄기가 모이지 않고서는 강이나 바다를 이룰 수 없다(不積小流, 無以成江海). 천리마라고 하더라도 한 번 도약으로 열 걸음이 되는 거리에 도달할 수 없고(騏驥一躍, 不能十步), 아무리 능력이 없는 말이라고 하더라도 열흘을 달리면 (천리마가 하루에 간 길을 갈 수 있는데), 이런 성과를 이룰 수 있는 이유는 쉬지 않고 노력했기 때문이다(駑馬十駕, 功在不舍). 새기다가 그만두면 썩은 나무도 부러지지 않고(鍥而舍之, 朽木不折), 새기는 것을 포기하지 않고 꾸준히 하면 돌이나 쇠라고 할지라도 새길 수 있다(鍥而不舍, 金石可鏤).

요즘 국회가 국정감사로 아주 바쁘다. 그런데 한 국회의원이 우리나라 최초의 우주인인 이소연 박사가 현재 미국에서 항공우주학과는 전혀 관계없는 MBA과정에서 공부하고 있음을 언급하며 문제를 제기했다. 260억원이나 들어간 우주인사업이 후속연구로 이어지지 않고 단발성 이벤트로 끝났다고 하니, 매우 한심스런 일이다. 어찌 이런 일이 한둘일까. 시간이 다소 걸린다고 하더라도 천리 길도 한걸음부터라는 말처럼 기초부터 탄탄히 다져야 하는데, 왜 우리는 매번 급하게 천리마 모습만 흉내를 내고 있는 걸까.

2013.10.25

전거가감
前車可鑑

'앞 수레는 본보기가 될 만하다'라는 뜻으로 '앞사람의 실패는 뒷사람의 본보기가 될 수 있음'을 비유한다. 또 '전거지감(前車之鑑, 앞 수레의 본보기)', '전복후계(前覆後戒, 앞 수레가 넘어지면 뒤 수레에 경계가 된다)'라고도 한다. '순자(荀子)'의 성상(成相)'편에서 유래했다.

세상이 어지러우니, 선악을 다스릴 줄 모르네(世亂惡善不此治). 잘못은 감추고 훌륭한 사람을 시기하며 늘 간계를 사용하니, 재해를 면하기 어렵네(隱過疾賢, 長由姦詐鮮無災). 환난이로다!(患難哉) 옳지 못한 방법을 먼저 하고, 지혜로운 사람은 중용하지 않으며 어리석은 자들과 일을 도모하네(阪爲先, 聖知不用愚者謀). 앞에 가는 수레가 이미 전복됐는데도, 뒤에 가는 수레도 잘못을 바로잡을 줄 모르네(前車已覆, 後未知更). 언제나 그 잘못을 깨닫게 될까?(何覺時) 깨닫지도 못하고 고충도 모르며, 방향도 잃고 위아래가 뒤집혔네(不覺悟, 不知苦, 迷惑失指易上下). 충신의 말은 위로 전달되지도 않고, 군주는 보지도 듣지도 못하며 통로도 막았네(中不上達, 蒙掩耳目塞門戶). 통로가 막히니 크게 미혹되어 갈팡질팡하고, 혼란과 암담함이 끊임없네(門戶塞, 大迷惑, 悖亂昏莫不終極). 옳고 그름이 바뀌고, 패거리를 지어 군주를 속이고 정직함을 싫어하네(是非反易, 比周欺上惡正直). 정직함도 싫어하고 마음속에 법도도 없으니, 사악하고 비뚤어져서 정도를 잃었네(正直惡, 心無度, 邪枉辟回失道途). 책망

하는 사람도 없고 자신만이 옳다고 하는데, 어찌 잘못이 없겠는가?(己無鄙人, 我獨自美, 豈獨無故) 경계할 줄 모르면 나중에 반드시 후회하게 된다(不知戒, 後必有).

1993년 서해 페리호 참사, 1995년 삼풍백화점 붕괴사고, 2003년에 대구지하철화재사고, 작년 태안 사설 해병대캠프 사건, 올 2월 경주 마우나오션 리조트 체육관 붕괴사건 등. 사건이 발생할 때마다 떠들썩하다가, 우리는 이내 잊어버린다. 하지만 이번에는 뇌리에서 영원히 사라지지 않을 것 같다. 왜일까?

2014.05.02

절영지연
絶纓之宴

'관(冠)의 끈이 끊어질 정도로 취한 연회'라는 뜻으로, '잘못을 관대하게 용서하면 사람의 마음을 얻을 수 있음'을 비유한다. '절영지회(絶纓之會)'라고도 한다. 한(漢)나라 유향(劉向)이 지은 '설원(說苑)'의 '복은(復恩, 은혜를 갚음)'편에서 유래했다.

초(楚)나라 '장왕(莊王)'이 여러 신하에게 술을 하사했다(楚莊王賜群臣酒). 해는 저물고 술자리가 한창 무르익을 때 등불이 꺼졌다(日暮酒酣, 燈燭滅). 이때 누군가가 '장왕'의 애첩인 총희의 옷을 잡아당겼다(乃有人引美人之衣者). 총희는 그 사람이 쓴 관의 끈을 당겨 끊어버렸다(美人援絶其冠纓). 그리고 '장왕'에게 말했다. "지금 불이 꺼졌을 때 누가 제 옷을 잡아당겨서 제가 그놈의 관끈을 끊어 가지고 있으니, 불이 켜지면 누구의 관끈이 끊어졌는지 보십시오(今者燭滅, 有引妾衣者, 妾援得其冠纓持之, 趣火來上, 視絶纓者)." '장왕'이 말했다. "내가 그들에게 술을 하사하여, 취해서 자네에게 실수하게 한 것인데(賜人酒, 使醉失禮), 내가 어찌 그대의 정절을 드러내기 위해, 신하에게 모욕을 줄 수 있겠는가(奈何欲顯婦人之節而辱士乎)." '장왕'은 바로 신하들에게 말했다. "오늘 과인과 술을 마시는데 관끈이 끊어지지 않은 사람은 이 자리를 기쁘게 생각하지 않는 사람이다(今日與寡人飮, 不絶冠纓者不懽)." 신하들이 백여 명 됐는데 모두 관끈을 끊고 나서, 다시 불을 켜고 즐겁게 마시고 자리를 마쳤다(群臣

百有餘人皆絶去其冠纓而上火, 卒盡懽而罷). …… 3년이 지난 후 진(晉)나라와 초나라가 싸우게 되었는데 어느 한 신하가 늘 앞장섰다(居三年, 晉與楚戰, 有一臣常在前). 다섯 번 싸웠는데 그 때마다 분투하며 앞에서 적을 물리친 끝에 마침내 승리하였다(五合五奮, 首卻敵, 卒得勝之). '장왕'이 이를 이상하게 여겨 물어보았다. "과인은 부덕하여 그대에게 특별하게 대한 적도 없는데, 그대는 무슨 이유로 이처럼 생명의 위험을 무릅쓰고 주저 없이 싸웠는가(寡人德薄, 又未嘗異子, 子何故出死不疑如是)." 그는 답하였다. "저는 죽어 마땅합니다(臣當死). 예전에 저는 술에 취해 실례를 범한적이 있는데 왕께서는 이를 감추고 참으며 제게 벌을 주지 않았습니다(往者醉失禮, 王隱忍不加誅也). 왕께서 제 죄를 감춰주신 은혜를 저는 감히 드러내고 보답하지 못했습니다(臣終不敢以蔭蔽之德而不顯報王也). 저는 늘 목숨을 바쳐 제 목의 피를 적에게 뿌리기를 바란지 오랩니다(常願肝腦塗地, 用頸血湔敵久矣). 제가 바로 그 날 밤 관끈이 끊어진 놈입니다(臣乃夜絶纓者)." 마침내 초나라는 진나라를 패퇴시켰다(遂敗晉軍). 초나라가 강한 이유는 바로 음덕을 쌓은 사람이 뒤에 반드시 보답을 받기 때문이다(楚得以强, 此有陰德者必有陽報也).

요즘 국가든 개인이든 정치든 서로 간에 보복이 난무하는 팍팍한 세상이다. 상대의 잘못을 너그럽게 용서해주는 관용은 없다. 전쟁이 난무하던 살벌한 춘추전국시대에 관용을 베푼 '장왕'의 아량은 실로 대단하다. 어느 쪽이든 먼저 보복의 고리를 끊고, 상생의 방향으로 가야 하지 않을까.

2015.04.24

절치부심
切齒腐心

'이를 갈고 마음을 썩힌다'는 뜻으로 '매우 분하여 벼르는 모습'을 비유한다. '사기(史記)'의 '자객(刺客)열전'에서 유래했다. 절치부심(切齒拊心, 이를 갈고 가슴을 치다), 절치액완(切齒扼腕, 이를 갈며 팔짱을 끼고 고심하다)이라고도 한다. 자객 '형가(荊軻)'는 연(燕)나라 태자 '단(丹)'에게 진시황을 암살하기 위해서는 '번오기(樊於期)' 장군의 목이 필요하다고 했으나, 태자는 차마 이를 감행하지 못했다. 그러자 '형가'는 몰래 '번오기' 장군을 만났다.

'형가'가 말했다. "진(秦)나라는 장군에게 너무 가혹합니다(秦之遇將軍可謂深矣). 부모와 일족을 모두 살육하고, 지금 장군의 목을 가져오면 황금 천근과 만호를 준다고 하는데(今聞購將軍首金千斤邑萬家), 장군께서는 장차 어찌하려고 하십니까?(將柰何)" '번오기'는 하늘을 우러러 보며 탄식하고 눈물 흘리며 말했다(於期仰天太息流涕曰). "저는 매번 이를 생각할 때마다 뼈에 사무치는데 방법이 도무지 생각나지 않습니다(於期每念之, 常痛於骨髓, 顧計不知所出耳)." '형가'가 말했다. "제게 연나라의 근심과 장군의 복수를 해결할 수 있는 방법이 있는데, 어떻습니까?(今有一言可以解燕國之患, 報將軍之仇者, 何如)" '번오기'가 다가와 말했다. "어떻게 하면 되지요?(爲之柰何)" '형가'가 말했다. "장군의 머리를 진시황에게 바치고 싶습니다(願得將軍之首以獻秦王). 진시황은 틀림없이 기뻐하며 저를 만날 것입니다. 이때 제가 왼손으로 그의 소매를 잡고 오른손으로 비수를 잡아 그의 가슴을 찌르면, 장군의 복수와 연나라의 치욕도 사라지게 됩니다(秦王必喜而見臣, 臣左手把其袖, 右手揕其匈, 然則將軍之仇報而燕見陵之愧除矣). 장군께서는 이렇게 할 마음이 있으십니까?(將軍豈有意乎)" '번오기'는 한쪽 팔을 걷어붙이고 '형가'의 손을 잡으며 말했다(樊於期偏袒搤捥而進曰). "이 방법이야말로 제가 밤낮으로 절치부심하던 것입니다(此臣之日夜切齒腐心也). 이제야 당신의 가르침을 받는군요(乃今得聞教)." 이 말을 마치자마자 바로 '번오기'는 스스로 목을 벴다(遂自剄).

8월29일은 무슨 날일까. 아는 사람도 없고, 알려주는 사람도 없다. 유명 인터넷사이트에도 눈에 띄는 어떠한 '메인화면로고'도 없다. 이 날은 바로 국치일(國恥日)이다. 절치부심해야 한다. 창피하다고 숨기는 게 능사일까. 역사는 바르게 기록하고 기억해야 한다.

2013.08.30

정인매리
鄭人買履

'정(鄭)나라 사람이 신발을 사다'라는 뜻으로, '고지식하고 융통성이 없음'을 비유한다. '한비자(韓非子)'의 '외저설(外儲說)좌상(左上)' 편에서 유래했다. '한비자'의 '내저설(內儲說)'과 '외저설'에는 많은 우언(寓言)이 있으며, 이야기를 통해 자신의 주장을 피력했다. 여기에 '정인매리'와 비슷한 이야기를 하나 더 소개한다.

정현(鄭縣)에 사는 '복자(卜子)'라는 사람이 그의 처에게 바지를 만들어 달라고 했습니다(使其妻爲褲). 그러자 그의 처는 그에게 물어보았습니다. "바지를 어떻게 만들까요(今褲何如)" 남편이 답했다. "내 이전 바지처럼 만들어주시오(象吾故褲)." 그의 처는 새 바지를 만들고는 다시 그 바지를 찢어서 헌옷처럼 만들었다(妻子因毁新令如故褲). …… 신발을 사려고 하는 정나라 사람이 있었다(鄭人有且置履者). 그는 먼저 자기 발의 크기를 자로 재고, 발 치수를 적은 종이를 앉았던 자리에 놓았다(先自度其足而置之其坐). 시장에 도착했지만 발 치수를 적은 종이를 가지고 오는 것을 잊었다(至之市而忘操之). 이미 신발을 샀지만(已得履) "제가 발 치수를 적은 종이를 가져오는 것을 잊었네요(吾忘持度)"라고 말하고, 그는 집으로 돌아가서 발 치수를 적은 종이를 가지고 시장에 와보니 시장은 이미 파해서 결국 신발을 사지 못했다(反歸取之, 及反, 市罷, 遂不得履). 한 사람이 물었다. "어찌 당신의 발로 직접 신어보지 않았는가?(何不試之以

足)" 그 정나라 사람은 대답했다. "저는 자로 잰 발 치수는 믿어도, 제 발은 믿을 수 없습니다.(寧信度, 無自信也)."

단말기유통구조개선법(단통법)은 과연 누굴 위한 법인가. '단통법'으로 통신비 인하를 유도하겠다는 정부는 결국 모든 국민이 비싼 가격으로 단말기를 사게 만들었다. 게다가 이로 인해 애먼 중저가 스마트폰 제조회사까지 매각절차를 밟고 있고, 이로 인해 스마트폰 기술력까지 외국기업으로 누출될 위기에 빠졌다. 이렇게 현실적인 문제를 고려하지 못하고, 시장원리도 무시한 법으로 인한 피해와 이득은 누구의 몫인가. 미래창조과학부와 방송통신위원회는 누굴 위한 조직인가.

2014.10.10

조령모개
朝令暮改

'아침에 명령을 내리고 저녁에 고치다'라는 뜻으로, '이랬다저랬다 해서 믿을 수 없음'을 비유한다. 또 조령석개(朝令夕改), 조변석개(朝變夕改)라고도 한다. 서한(西漢)의 정치가인 '조착(晁錯)'의 '논귀속소(論貴粟疏)'에서 유래했다.

봄에 논밭을 갈고 씨를 뿌리며, 여름에 김매고, 가을에 수확하며, 겨울에 저장하고(春耕, 夏耘, 秋獲, 冬藏), …… 부역도 합니다(給繇役). 그래서 백성들은 봄에 바람과 먼지를 피할 수 없고(春不得避風塵), 여름에 더위를 피할 수 없으며(夏不得避暑熱), 가을에 계속되는 비를 피할 수 없고(秋不得避陰雨), 겨울에 추위를 피할 수 없으므로(冬不得避寒凍), 사시사철 하루도 쉬는 날이 없습니다(四時之間, 亡日休息). …… 이렇게 고생하는데도 또 수재나 가뭄도 있고, 과중한 세금을 급하게 시도 때도 없이 걷고, 아침에 명령하고 저녁 때 또 바꿉니다(勤苦如此, 尙復被水旱之災, 急政暴賦, 賦斂不時, 朝令而暮改). 세금을 내야 할 때 곡식이 있는 사람은 반값에 팔아야 하고(當具有者, 半賈而賣), 곡식이 없는 사람은 배나 비싼 이자를 주고 다른 사람에게 빌립니다(亡者, 取倍稱之息). 그래서 논밭과 집을 팔고, 자손을 팔아 빚을 갚는 사람도 생깁니다(於是有賣田宅, 鬻子孫, 以償債者矣). 그러나 상인들 중에서 자본이 많은 사람들은 매점매석해서 폭리를 취합니다(而商賈大者積貯倍息). …… 매일 도시에서 노닐다가 급할 때를 틈타 가격을 배로 올려 팝니다(日遊都市, 乘上之急, 所賣必倍). 그래서 그들은 농사도 짓지 않고 누에를 치거나 옷감도 짜지 않지만(故其男不耕耘, 女不蠶織), 화려한 옷을 입고 좋은 음식을 먹으며(衣必文采, 食必粱肉), 농부처럼 고생도 하지 않고 농지에서 생산된 것을 갖습니다(亡農夫之苦, 有阡陌之得). 그들은 풍부한 재력으로 왕후와 교제하니 그 세력이 관리보다도 더 큽니다(因其富厚, 交通王侯, 力過吏勢).

요즘 연말정산으로 모두 바쁘다. 그런데 세금이 이만저만 오른 게 아니다. 기재부 공무원들이 입법안을 내고, 국회의원들이 충분한 심의도 없이 통과시켜 줬기 때문이란다. 도대체 누굴 위한 정부이며 국회의원인가. 여야가 따로 없다. 오직 국회의원 6명만이 반대했을 뿐이라고 하니, 정책에 관심이나 있는지 궁금하다. 국민을 위해 '단통법'을 만들고 FTA를 체결했다는데, 국민에게 무슨 혜택이 있었는가. 누굴 위한 것인가.

2015.01.23

주중적국
舟中敵國

'배 안의 적국'이라는 뜻으로, '군주가 덕을 닦지 아니하면 같은 배를 타고 있는 것과 같이 이해관계가 같은 사람들이라도 모두 곧 적이 될 수 있음'을 비유한다. 그러나 중국에서는 '주변 사람이 모두 반대하여 매우 고립됨'을 비유한다. '사기(史記)'의 '손자(孫子)오기(吳起)열전'에서 유래했다.

위(魏)나라 '문후(文侯)'가 죽은 후 '오기(吳起)'는 그의 아들 '무후(武侯)'를 모셨다. '무후'는 황하에 배를 타고 내려가다가 고개를 돌려 '오기'에게 말했다. "아름답도다! 산하의 견고함이여(美哉乎山河之固). 이야말로 위나라의 보배로다!(此魏國之寶也)" '오기'가 답하여 말했다. "그 견고함은 덕에 있지 지형지세의 험준함에 있는 것이 아닙니다(在德不在險). …… 하(夏)나라 걸(桀)왕이 살았던 곳도 왼쪽으로는 황하와 제수(濟水)가 있었고 오른쪽으로는 태산(泰山)과 화산(華山)이 있었고, 이궐(伊闕)산이 남쪽에 있고 양장(羊腸)이라는 험한 길이 북쪽에 있었으나, 인정을 베풀지 않아 '탕(湯)'왕이 그를 쫓아냈습니다(修政不仁, 湯放之). 은(殷)나라 '주(紂)'왕의 나라도 왼쪽에는 맹문(孟門)산이 있고 오른쪽에는 태행(太行)산이 있었고, 상산(常山)은 그 북쪽에 있었으며 또 황하가 그 남쪽을 흐르고 있었으나 덕치(德治)를 하지 못해 '무왕(武王)'이 그를 죽여 버렸습니다(修政不德, 武王殺之). 이것으로 보아 나라를 지키는 것은 덕에 있는 것이지 지형지세가 험준함에 있는 것이 아닙니다(由此觀之, 在德不在險). 만약 임금께서 덕을 행하지 않으시면, 함께 강을 건너야 할 같은 배를 탄 사람들이 모두 적으로 변할 것입니다(若君不修德, 舟中之人盡爲敵國也)." '무후'가 말했다. "맞습니다(善)."

지난 19일 헌법재판소에서 통합진보당 해산을 선고했다. 눈엣가시를 뽑아내서 시원하다는 말도 있으나, 미리 짜 맞춘 법리에 잘 맞지 않는 판결이라는 비판의 소리도 있다. 배에서 적을 쫓아내는 것도 중요하지만, 무엇보다도 더 중요한 것은 덕치(德治)와 인정(仁政)에 힘쓰는 것이 아닐까.

2014.12.26

중지성성
衆志成城

'여러 사람의 뜻이 성(城)을 이룬다'라는 뜻으로 '많은 사람의 뜻이 일치되면 성처럼 견고하게 됨'을 말하며, '모든 사람이 일치단결하면 대단한 힘을 발휘함'을 비유한다. '국어(國語)'의 '주어(周語)'하편에서 유래했다. '중심성성(衆心成城)'이라고도 한다. 춘추시대 말엽 주(周)나라 경왕(景王)은 당시 재정이 매우 곤란한데도, 거대한 편종(編鐘)을 만들려고 했다. 그러나 그의 신하인 '선목공(單穆公)'과 '주구(州鳩)'가 반대했다.

그런데 '경왕'은 이 말을 듣지 않고 마침내 거대한 편종을 주조하여 완성했다(王不聽, 卒鑄大鍾. 二十四年, 鍾成). 그러자 악공들은 이 소리가 아주 조화롭다고 아뢰었다(伶人告和). 이에 '경왕'은 악공 '주구(州鳩)'에게 말했다. "편종 소리가 정말로 조화롭지 않은가(鍾果和矣)." '주구'가 답했다. "알 수 없습니다(未可知也)." 왕이 말했다. "무슨 이유인가?(何故)" '주구'가 답했다. "왕께서 악기를 만드시어 백성들이 모두 이를 좋아하면, 이것을 '조화롭다'고 합니다(上作器, 民備樂之, 則爲和). 그런데 지금 왕께서는 백성을 혹사시키고 물자를 낭비하시니, 왕을 원망하지 않는 백성이 없을 겁니다(今財亡民罷, 莫不怨恨). 그래서 그런지 저는 편종의 소리가 조화로운지 잘 모르겠습니다(臣不知其和也). 게다가 백성들이 좋아하는 일은 성공하지 않는 것이 거의 없고(且民所曹好, 鮮其不濟也), 백성들이 싫어하는 일은 실패하지 않는 것이 거의 없습니다(其所曹惡, 鮮其不廢也). 그래서 이런 속담이 있습니다. '많은 사람이 일치단결하면 대단한 힘을 발휘하고, 많은 사람의 말은 쇠도 녹일 만큼 대단하다(衆心成城, 衆口鑠金).'……"

요즘 프로야구 포스트시즌이 진행 중이다. 정규시즌 4위 팀인 두산 베어스는 지난 10월8일부터 수많은 경기를 해서 거의 탈진상태일 텐데, 그들은 오히려 더 강인해지는 것 같다. 베어스 감독은 그 이유를 '팀워크'와 '경쟁체제'라고 한다. 이 '경쟁체제'는 틀림없이 매우 합리적이고 공정할 것이다. 그렇지 않았다면 선수들이 좋은 '팀워크'를 이뤄낼 수 있었을까. 베어스가 '곰'이라 좋다. 마치 우리 국민들이 일치단결하여 분투하는 모습을 보는 것 같아 즐겁다.

2013.11.01

지상담병
紙上談兵

'지면상으로 군사 전략을 논하다'라는 뜻으로, '현실성이 없는 허황된 이론이나 논의'를 비유한다. '사기(史記)'의 '염파 · 인상여(廉頗 · 藺相如)'열전에서 유래했다.

'조괄(趙括)'은 어렸을 때부터 병법을 배우고 논하기를 좋아했으며, 자신이 천하에 제일이라고 생각했다(趙括自少時學兵法, 言兵事, 以天下莫能當). 일찍이 그의 아버지 '조사(趙奢)'는 그와 병법에 관해서 토론했는데 그를 이길 수 없었지만, '조괄'을 칭찬하지는 않았다(嘗與其父奢言兵事, 奢不能難, 然不謂善). '조괄'의 어머니가 그 이유를 물으니, '조사'가 말했다. "전쟁은 죽을 수도 있는데, '괄'은 너무 쉽게 말합니다(兵, 死地也, 而括易言之).……만약에 '괄'이 장수가 된다면 조나라 군대는 틀림없이 패배하게 될 것입니다(若必將之, 破趙軍者必括也)."……그의 어머니는 상소를 써서 왕께 아뢰었다. "'괄'을 장수로 하면 안 됩니다(括不可使將)." 왕이 물었다. "왜 안 되는 가?" 그의 어머니가 답했다. "……'괄'은 아버지와 다릅니다(父子異心). 왕께서는 그를 장수로 보내지 마십시오(願王勿遣)." 왕이 말했다. "그대는 상관하지 마라(毋置之). 나는 이미 마음을 정했다(吾已決矣)."……'조괄'은 '염파(廉頗)'장군을 대신한 후에 이전의 규칙과 군관을 모두 바꿨다(趙括旣代廉頗, 悉更約束, 易置軍吏). 진(秦)나라 장수 '백기(白起)'가 이 소식을 듣고 돌격대를 보내 싸우다가 거짓으로 도망갔다(秦將白起聞之, 縱奇兵, 詳敗走). 그리고 '조괄' 부대의 보급로를 차단하여 병졸들의 마음을 불안하게 만들었다(其糧道, 分斷其軍爲二, 士卒離心). 40여일이 지나 군사들이 굶게 되자 '조괄'은 직접 정예부대를 이끌고 맞붙어 싸웠다(四十餘日, 軍餓, 趙括出銳卒自博戰). 진나라 군대는 활로 쏴서 '조괄'을 살해했다(秦軍射殺趙括). '조괄'의 군대는 패해서 수십만명이 진나라에 투항했지만, 진나라는 그들을 모두 생매장해버렸다(括軍敗, 數十萬之衆遂降秦, 秦悉阬之).

며칠 전 카드사의 개인 신용정보가 몽땅 다 털렸다. 그 피해자 수가 1억400만명이나 되는데, 그중에서 중복가입자 등을 빼도 1500만명이나 된다고 한다. 이런 막대한 피해가 발생한 원인은 이전에 발생한 정보유출사건에 대해 미온적이고 실효성 없는 대처를 했기 때문이다. 이제라도 탁상공론만 하지 말고, 실효성 있는 대책을 마련하길 바란다. '조괄'처럼 리더가 부실하면 수많은 사람들이 모든 걸 잃게 된다.

2014.01.24

천정득인
穿井得人

'우물을 파서 한 사람을 얻다'라는 뜻으로, '소문을 자세히 살펴보지 않으면 진실이 와전될 수 있음'을 비유한다. '여씨춘추(呂氏春秋)'의 '신행론(愼行論)'에서 유래했다.

전해들은 말은 자세히 살펴보지 않으면 안 된다(夫得言不可以不察). 말은 몇 번 전하다 보면 백색이 흑색이 되고 흑색이 백색이 된다(數傳而白爲黑, 黑爲白). 그래서 개는 큰원숭이와 비슷하고, 큰원숭이는 짧은꼬리원숭이와 비슷하고, 짧은꼬리원숭이는 사람과 비슷하지만(故狗似玃, 玃似母猴, 母猴似人), 사람과 개는 아주 많은 차이가 난다(人之與狗則遠矣). 이것이 바로 어리석은 사람이 크게 실수하는 이유이다(此愚者之所以大過也). 무엇인가 듣고 자세하게 살펴보면 좋은 점이 있고, 듣고도 자세하게 살펴보지 않으면 안 들은 것만 못하다(聞而審則爲福矣, 聞而不審, 不若無聞矣). ……송(宋)나라에 정(丁)씨가 있었는데 집에 우물이 없어 밖에 나가서 물을 길어야 했다(家無井而出漑汲). 그래서 후에 한 사람을 밖에 거주하게 했다(常一人居外). 그 후에 정씨는 집에 우물을 파고 이웃에게 말했다(及其家穿井, 告人曰). "우리 집에 우물을 파서, 한 사람을 얻었다(吾穿井, 得一人)." 어떤 사람이 이 말을 듣고 전하여 말했다. "정씨는 우물을 팠는데, 한 사람을 파냈다(丁氏穿井, 得一人)." 온 나라 사람들이 이 사실에 대해 수군대자, 송나라 왕도 이 말을 듣고 사람을 보내 사실에 대해 정씨에게 물어보았다(國人道之, 聞之於宋君, 宋君令人問之於丁氏). 정씨가 답했다. "한 사람의 일손을 벌었다는 말이지, 우물 속에서 사람을 파냈다는 말이 아닙니다(得一人之使, 非得一人於井中也)."……

지난 5월20일 '메르스'가 처음으로 확진된 이후, 정부는 6월7일에 뒤늦게 '메르스' 환자가 갔던 병원 24곳을 공개했지만 그조차 오류가 있었다. 그 후로도 오류와 착오가 계속되고 있고 '메르스'에 대한 기존 정보도 맞는 게 별로 없으니, 뭘 믿어야 하나. 무엇이 진실인가.

2015.06.19

침류수석
枕流漱石

'흐르는 물을 베개 삼아 베고, 돌로 양치질한다'는 뜻으로, 우리나라에서는 '억지를 부려서라도 남에게 지지 않으려고 함'을 비유하고 있으나, 중국에서는 '벼슬자리에서 물러나 초야에서 한가로이 지냄'을 비유한다. '진서(晉書)'의 '손초(孫楚)'열전에서 유래했다.

'손초'는 같은 군(郡)에 사는 '왕제(王濟)'와 사이가 좋았다. '왕제'가 '대중정'이라는 관직에 있을 때(濟爲本州大中正), 그의 하급관리인 '방문(訪問-관직명)'이 군민(群民)에 대하여 평가하여 관리를 추천하는데(訪問銓邑人品狀), '손초'를 평가할 때에 이르자(至楚) '왕제'가 말했다. "이 사람은 그대가 평가할 수 있는 사람이 아니니, 내가 직접 평가하겠다(此人非卿所能目, 吾自爲之)." '왕제'가 직접 '손초'에 대하여 평가하여 기록했다. "천부적인 재능을 가지고 있어 매우 뛰어나고 박식하며, 매우 특출하여 다른 사람들과 비교할 수 없음(天才英博, 亮拔不群)." '손초'가 소싯적에 은거하고 싶어서 '왕제'에게 말할 때(楚少時欲隱居, 謂濟曰), 마땅히 '돌을 베개 삼아 베고, 흐르는 물로 양치질하고 싶다'고 말해야 하는 것을(當'欲枕石漱流'), 실수로 '돌로 양치질하고, 흐르는 물을 베개 삼아 벤다'고 잘못 말했다(誤云'漱石枕流'). '왕제'가 말했다. "흐르는 물은 베개 삼아 벨 수 있는 것이 아니고, 돌은 양치질할 수 있는 것이 아닙니다(流非可枕, 石非可漱)." 그러자 '손초'는 말했다. "흐르는 물을 베개 삼아 베는 까닭은

(세속적인 말을 들으면) 귀를 씻으려고 하기 때문이고(所以枕流, 欲洗其耳), 돌로 양치질을 하는 까닭은 치아(언변)를 연마하려고 하기 때문입니다(所以漱石, 欲厲其齒)."

똑같은 말이나 표현이라도 보기에 따라 달라진다. 좋게 보면 '손초'는 언변이 뛰어나고 재주가 많은 사람이고, 나쁘게 보면 그는 잘못을 결코 인정하지 않고 궤변만 늘어놓는 사람이 된다. 대리기사와 싸움을 말리는 행인들을 폭행했다고 하는데, 세월호 유가족 임원과 야당 정치인은 도대체 뭘 하고 있던 걸까.

2014.09.26

포신구화
抱薪救火

'땔나무를 안고 불을 끈다'는 뜻으로 '잘못된 방법으로 재난을 막으려 하다가 오히려 재난이 더 커지는 것'을 비유한다. '사기(史記)'의 '위세가(魏世家)'에서 유래했다. 구화투신(救火投薪, 불을 끄려고 땔나무를 던진다) 또는 부신구화(負薪救火, 땔나무를 짊어지고 불을 끈다)라고도 한다.

안리왕(安釐王) 원년에 진나라는 위(魏)나라에게서 성 2개를 빼앗았다(秦拔我兩城). 안리왕 2년에 진나라는 또 위나라에게서 성 2개를 빼앗고, 진나라 군대가 위나라의 수도 대량(大梁)까지 주둔하여 한(韓)나라가 구원하러 왔으나, 위나라는 '온(溫)'이라는 지방을 진나라에게 주어 화친을 했다(二年, 又拔我二城, 軍大梁下, 韓來救, 予秦溫以和). 안리왕 3년에 진나라는 위나라에게서 또 성 4개를 빼앗고 4만명이나 되는 사람의 목을 쳤다(三年, 秦拔我四城, 斬首四萬). 안리왕 4년에 진나라는 위나라와 한(韓)나라, 조(趙)나라를 쳐서 15만명이나 죽였고, 위나라 장수 '망묘(芒卯)'까지 도망가게 했다(四年, 秦破我及韓趙, 殺十五萬人, 走我將芒卯). 또 위나라 장수 '단간자(段干子)'는 '남양(南陽)'이라는 지방을 진나라에 주어 화친하자고 왕에게 청했다(魏將段干子請予秦南陽以和). 이때 '소대(蘇代)'가 위나라 왕에게 말했다. "관직을 원하는 사람은 '단간자'이며, 땅을 원하는 자는 진나라입니다(欲璽者段干子也, 欲地者秦也). 이제 왕께서 땅을 원하는 자에게 관직을 제어하게 하고, 관직을 원하는 자에게 땅을 제어하게 한다면, 진나라에게 위나라의 땅을 모두 주지 않는 한 진나라는 계속하여 욕심을 부릴 것입니다(今王使欲地者制璽, 使欲璽者制地, 魏氏地不盡則不知已). 더구나 땅으로 진나라를 섬긴다니, 마치 땔나무를 안고 불을 끄려고 하는 것과 같이 땔나무가 다할 때까지 불도 꺼지지 않을 것입니다(且夫以地事秦, 譬猶抱薪救火, 薪不盡, 火不滅)." 왕이 답했다. "물론 맞는 말입니다. 비록 그렇다고 하더라도 일이 이미 시작되어 바꿀 수가 없군요(雖然, 事始已行, 不可更矣)."

요즘 한 국회의원의 내란음모사건으로 시끌벅적하다. 국정원의 대선개입에 대한 수사로 국정원을 개혁해야 한다는 여론이 비등하고 있는 시점에 터진 일이라 말이 많다. 과연 이 사건은 국정원이 던진 기가 막힌 묘수일까. 아니면 땔나무로 불을 끄려고 하는 걸까.

2013.09.06

풍성학려
風聲鶴唳

‘바람소리와 학(鶴)의 울음소리’라는 뜻이며, 바람소리나 새소리조차 적군이 쫓아오는 소리인 줄 알고 놀라서 두려워한다는 말로, ‘겁을 먹고 하찮은 일에도 놀라는 것’을 비유한다. ‘진서(晉書)’의 ‘사안(謝安)’열전에서 유래했다. 중국 오호십육국 시대 전진(前秦)의 황제 ‘부견(苻堅)’이 ‘동진(東晉)’을 칠 때의 일이다.

‘부견’이 ‘동진’의 ‘수양(壽陽)’지역으로 쳐들어와 주둔하고 ‘비수(淝水)’에 진을 쳐서, ‘사현(謝玄, 謝安의 조카)’의 군대는 ‘비수’를 건너갈 수 없었다. 이에 ‘사현’이 ‘부융(苻融, 苻堅의 동생)’에게 사신을 보내 말했다. “장군께서 멀리 우리나라 국경까지 와서 ‘비수’에 진을 치고 계신데, 이것은 분명히 속전속결을 원치 않으신 것 같습니다(君遠涉吾境, 而臨水爲陣, 是不欲速戰). 장군께서 조금만 물러나주신다면 저희 군대가 장군의 군대와 겨루게 할 수 있습니다(諸君稍卻, 令將士得周旋). 이때 저와 장군은 고삐를 늦추고 이를 구경하는 것도 또한 즐거운 일이 아닐까요(僕與諸君緩轡而觀之, 不亦樂乎).” ‘부견’의 부하들이 말했다. “마땅히 ‘비수’에서 적군을 막아, 강기슭으로 올라오게 해서는 안 됩니다(宜阻淝水, 莫令得上). 우리 군사가 저들보다 많으니, 틀림없이 승리할 것입니다(我衆彼寡, 勢必萬全).” ‘부견’이 말했다. “다만 군사를 조금 후퇴시켜 적군이 강을 건너오게 하고, 이때 우리 정예부대 수십만을 ‘비수’로 돌진하게 하여 그들을 몰살합시다(但卻軍, 令得過, 而我以鐵騎數十萬向水, 逼而殺之)." '부융' 도 '부견'의 주장에 공감하여 군대를 후퇴하게 했으나, 군사들은 혼란에 빠져 후퇴하는 것을 멈출 수 없었다(融亦以爲然, 遂麾使卻陣, 衆因亂不能止). 이때 '사현' 등은 정예부대 8천명으로 '비수'를 건넜다(於是玄與琰、伊等以精銳八千涉渡淝水). ……'부견'은 화살에 맞고 '부융'은 참살 당했다(堅中流矢, 臨陣斬融). '부견'의 군사들은 도망치고 뿔뿔이 흩어졌으며, 서로 짓밟혀 물에 빠져 죽은 자가 셀 수 없을 정도로 많아 '비수'가 막혀 흐르지 않았다(堅衆奔潰, 自相蹈藉投水死者不可勝計, 淝水爲之不流). 나머지 군사들도 갑옷을 버리고 야반도주하다가 바람소리나 학 울음소리를 듣고 '동진'의 군사들이 뒤쫓아 온 것으로 생각했다(餘衆棄甲宵遁, 聞風聲鶴唳, 皆以爲王師已至). 그들은 길 없는 초원을 걷고 노숙하며, 굶주리고 얼어 죽은 자가 열 명 중에 일곱 여덟 명이나 됐다(草行露宿, 重以饑凍, 死者十七八).

이번 월드컵에서 이변이 일어났다. 개최국인 브라질이 힘도 한 번 제대로 써보지 못하고, 독일에게 대패했다. 게임을 하다보면 질 수도 있고 이길 수도 있지만, 아무도 예상치 못한 결과이다. 패인은 공수를 책임지는 리더가 2명이나 빠진 상태에서 한 골을 먹자, 조직력이 와해되어 순식간에 여러 골을 먹고 공황상태에 빠져 버린 것 같다. 새삼 리더의 중요성을 생각하게 한다.

2014.07.11

필로남루
篳輅襤褸

'허름한 수레와 누더기 옷'이라는 뜻이다. 누더기 옷을 입고 허름한 수레를 타고 산림을 개척하러 가는 것으로 '창업시기의 고난'을 비유한다. 본래는 '필로남루(篳路藍縷)'라고 했다. '좌전(左傳)'의 '선공(宣公)12년'에서 유래했다. 중국 춘추시대 정(鄭)나라는 초(楚)나라가 쳐들어와 항복했으나, 사신을 진(晉)나라에 보내 초나라는 지금 승리에 도취해 자만해 있고 정나라도 진나라를 도와 싸울 것이니 반드시 이길 것이라고 했다. 그러자 진나라 재상 '난무자(欒武子)'가 말했다.

초나라 '장왕(莊王)'이 용(庸)나라를 이긴 이래로(楚自克庸以來) 그는 "민생의 안정은 쉽지 않고, 화는 언제 닥칠지 모르니, 경계를 게을리 해서는 안 된다(民生之不易, 禍至之無日, 戒懼之不可以怠)"라고 백성들을 타이르고 다스리지 않은 날이 없습니다. 군대에서는 "승리는 영원히 지킬 수는 없으며, 은(殷)나라 주왕(紂王)은 백 번 승리했으나 결국 패하여 나라도 잃고 후손도 끊겼다(勝之不可保, 紂之百克而卒無後)"라고 거듭하여 군사들을 훈계하며 다스리지 않은 날이 없습니다. 또 "춘추시대 초기의 초나라 왕인 '약오(若敖)'와 '분모(蚡冒, 여왕厲王)'는 검소하게 짐수레를 타고 누더기 옷을 입고 산림을 개척했다(若敖蚡冒, 篳路藍縷, 以啓山林)"는 말로 백성들을 훈계했습니다. "민생의 안정은 부지런함에 달려 있으며, 부지런하면 빈곤해지지 않는다(民生在勤, 勤則不匱)"고 백성들에게 늘 훈계해왔으니, 초나라는 자만할 리 없습니다. ……

지난 6,70년대 근대화하는 동안에 우리는 '근검절약'하고 '청렴결백'했다. 그러나 아직도 일부 '졸부'근성이 있는지 분수에 넘치게 크고 비싼 것을 선호하고, '소비'를 미덕으로 하고 있다. 그래서일까 요즘 우리 사회는 뇌물로 '만신창이'가 됐고, 이곳저곳 꿰매어 누더기가 다 됐다. 어쩌다 우리가 이런 지경에 이르렀나. 모두 초심으로 돌아가야 하지 않을까.

2015.05.29

하로동선
夏爐冬扇

‘여름에 난로, 겨울에 부채’라는 뜻으로, 여름에는 더워서 난로가 필요 없고 겨울에는 추워서 부채가 필요 없다는 말이다. 이처럼 ‘격이나 철에 맞지 아니함’이나 ‘쓸모없는 사물’을 비유한다. 한(漢)나라 ‘왕충(王充)’이 지은 ‘논형(論衡)’의 ‘봉우(逢遇)’편에서 유래했다.

어질고 총명한 사람은 중용되어야 한다(賢人可遇). 중용되지 않는다면 이것 또한 자신의 잘못이다(不遇, 亦自其咎也). 태어나서 세상에 영합하고 군주의 의도를 파악하며, 정세를 잘 관찰하여 자신의 능력을 조정하고 자신의 견해를 정하여 시기를 세밀하게 살펴 군주에게 이롭게 할 수 있다면 어찌 중용되지 않겠는가?(生而希世准主, 觀鑒治內, 調能定說, 審司際會, 能進有補贍主, 何不遇之有) 그러나 현재는 그렇지 않아 쓸모없는 재주를 부리고 보탬이 되지 않는 견해를 올리니(今則不然, 作無益之能, 納無補之說), 이것은 마치 여름에 군주에게 화로를 바치고 겨울에 부채를 바치는 것과 같이(以夏進鑪, 以冬奏扇), 군주가 하기 싫어하는 일을 하고, 듣기 싫어하는 말을 하니(爲所不欲得之事, 獻所不欲聞之語), 화를 입지 않으면 다행이지, 어찌 복을 바라겠는가?(其不遇禍, 幸矣, 何福祐之有乎) 좋은 재능을 바치면 이롭고 훌륭한 견해를 올리면 보탬이 되는 것은 모든 사람들이 아는 바이다(進能有益, 納說有補, 人之所知也). 그러나 간혹 쓸모없는데도 복을 받고 유익한데도 죄를 얻는 경우도 있다(或以不

補而得祐, 或以有益而獲罪). 게다가 여름에 화로로 축축한 것을 말릴 수 도 있고, 겨울에 부채로 불씨를 살릴 수도 있다. 세상은 영합할 수 있으나 군주의 의도는 예측할 수 없고(世可希, 主不可准也), 주장은 바꿀 수 있으나 재능은 바꿀 수 없다(說可轉, 能不可易也).

너무 덥다. 마치 꽉꽉 막힌 방에서 난로를 끼고 있는 듯하다. 곧 입추(立秋)이기는 하지만, 아직 멀기만 한 것 같다. 여름에 난로는 어울리지 않는 것은 틀림없으나, 여름에 겨울을 대비해서 미리 난로를 준비해 보는 것은 어떨까.

2015.08.07

한단지보
邯鄲之步

'한단(邯鄲)의 걸음걸이'라는 뜻으로, '맹목적으로 다른 사람을 모방하려다 다른 사람의 장점도 제대로 배우지 못하고 자신의 본 모습도 잃어버리는 것'을 비유한다. 한단학보(邯鄲學步, '한단'이라는 곳에서 걸음걸이를 배우다)라고도 한다. '장자(莊子)'의 '추수(秋水)'편에서 유래했다. 공손룡(公孫龍)이 위모(魏牟)에게 '장자'의 도(道)를 배우고 싶다고 하자, '위모'가 다음과 같이 비유했다.

"그대는 식견이 좁고 자신에 얽매여 관찰하는 방법으로 장자의 도를 구하려고 하고, 변론의 방법으로 도를 찾으려 하고 있다(子乃規規然而求之以察, 索之以辯). 이것은 대나무 대롱으로 하늘을 보는 것과 같고 송곳으로 땅을 재는 것과 같으니, 이 얼마나 편협한 방법이 아니요(是直用管窺天, 用錐指地也, 不亦小乎). 그대는 돌아가시오!(子往矣) 그대 혼자만이 '수릉'의 젊은이들이 조나라의 '한단'에 가서 조나라 사람들의 걸음걸이를 배우려 했다는 이야기를 듣지 못한 것 같습니다(且子獨不聞壽陵餘子之學行於邯鄲與). 그들은 조나라의 멋있는 걸음걸이도 제대로 배우지 못하고 또한 본래 걷던 방법도 잊어버려서, 결국은 기어서 돌아갔다고 합니다(未得國能, 又失其故行矣, 直匍匐而歸耳). 지금 그대가 돌아가지 않는다면, 그대가 본래 가지고 있던 장점도 잊어버리고 그대의 직업도 잃게 될 것입니다(今子不去, 將忘子之故, 失子之業)." '공손룡'은 놀라 말문이 막혀서 입을 벌리고 다물지 못하고 혀는 올리고 내리지도 못 한 채, 서둘러 도망갔습니다(公孫龍口呿而不合, 舌擧而不下, 乃逸而走).

요즘 우리는 성과지표, 평가지표, 취업률, 성장률 등 각종 지표와 통계숫자에 얽혀 자신의 본래 모습을 잃어버리고 있는 것 같다. 지표만 좋으면 현실의 문제도 모두 해결되는 것인지. 근본적인 문제에 대한 자기성찰과 변화가 없으면, 우리는 꼭두각시처럼 남의 손에 놀아나다가 결국은 망가져서 폐기되지 않을까.

2013.11.15

호질기의
護疾忌醫

'병을 감싸고 치료를 꺼리다'라는 뜻으로, '문제가 있는데도 다른 사람의 충고를 듣지 않음' 또는 '자기의 결점을 덮어 감추고 고치려 하지 않음'을 비유한다. 중국에서는 '휘질기의(諱疾忌醫)'라고 한다. 송(宋)나라 '주돈이(周敦頤)'가 지은 '주자통서(周子通書)'의 '과(過)'편에서 "요즘 사람들은 마치 병을 감싸고 치료를 꺼리는 것처럼 잘못이 있어도 다른 사람이 바로잡아주는 것을 좋아하지 않는다(今人有過, 不喜人規, 如護疾而忌醫). 어찌 몸을 망치는데도 깨닫지 못하는가(寧滅其身而無悟也)"라고 말한 것에서 유래했다. 그런데 '한비자(韓非子)'의 '유로(喩老)'편에도 이와 비슷한 고사가 있다.

> '편작(扁鵲)'이 채(蔡)나라 '환공(桓公)'을 만났다. 잠깐 서 있다가(立有間) '편작'이 말했다. "군주의 병은 지금 살갗에 있는데 당장 치료하지 않으면 장차 깊은 병이 될 것 같습니다(君有疾在腠理, 不治將恐深)." '환공'이 말했다. "과인은 병이 없습니다(寡人無疾)." '편작'이 나간 후에 '환공'이 말했다. "의사들은 병이 없는 사람을 고치는 것을 좋아하고, 이것을 자신의 공으로 하려고 한다(醫之好治不病以爲功)" 열흘이 지난 후에 '편작'이 '환공'을 또 찾아뵙고 말했다. "군주의 병은 이제 근육까지 도달했습니다(君之病在肌膚). 지금 치료하시지 않으면 더욱 깊어질 것입니다(不治將益深)" '환공'은 대답하지 않았다. '편작'이 나가자 '환공'은 기분이 나빴

다. 열흘 뒤 '편작'이 또 와서 말했다. "군주의 병은 내장에까지 이르렀습니다(君之病在腸胃). 지금 치료하시지 않으면 더욱 깊어질 것입니다(不治將益深)." '환공'은 대답하지 않았다. '편작'이 나가자 '환공'은 또 다시 기분이 상했다. 열흘 후 '편작'은 '환공'을 멀리서 보고는 돌아갔다(扁鵲望桓侯而還走). '환공'이 사람을 시켜 물어보았다. '편작'이 말했다. "병이 피부에 있을 때에는 더운 물찜질로 고칠 수 있고(疾在腠理, 湯熨之所及也), 병이 근육에 있을 때에는 침으로 치료할 수 있으며(在肌膚, 鍼石之所及也), 병이 내장에 이르면 탕약으로 치료할 수 있습니다(在腸胃, 火齊之所及也). 그러나 병이 골수에 이르면 운명을 관장하는 신의 소관이라 어떻게 할 방법이 없습니다(在骨髓, 司命之所屬, 無奈何也). 지금 군주의 병은 골수에까지 이르러 저는 더 이상 치료하자고 권하지 않았습니다(今在骨髓, 臣是以無請也)." 닷새 후 지난 후 '환공'은 온몸이 아파서 '편작'을 찾았으나 그는 이미 진(秦)나라로 도망갔고(居五日, 桓侯體痛, 使人索扁鵲, 已逃秦矣), '환공'은 얼마 안 되어 죽었다(桓侯遂死).

최근 값싼 담배를 출시하자는 말이 들린다. 국민건강을 위해 담배값을 올린 지 며칠 됐다고. 결국 담뱃값 인상이 모자란 세수를 보충하기 위한 것이라고 자인하는 것이 아닌가. 우리가 낸 세금이 많이 늘었는데도 증세가 아니란다. 병든 곳이 어딘지 모두가 아는데도, 언제까지 치료를 거부할 것인지.

2015.02.27

화씨지벽
和氏之璧

'변화(卞和)라는 사람의 옥(玉)'이라는 뜻으로 '천하의 귀중한 보배' 또는 '뛰어난 인재'를 비유한다. '변화(卞和)'는 전국(戰國)시대 초(楚)나라의 옥장(玉匠)이다. '한비자(韓非子)'의 '화씨(和氏)'편에서 유래했다.

초나라 사람인 '변화'씨가 '형산(荊山)'에서 옥돌을 주워 '여왕(厲王)'에게 바쳤다(楚人和氏得玉璞楚山中, 奉而獻之厲王). 그러자 '여왕'은 옥장(玉匠)에게 옥돌을 감정하게 했다(厲王使玉人相之). 옥장이 말했다. "옥돌이 아니고, 그냥 돌입니다(石也)." '여왕'은 '변화'가 속인다고 생각하여, 형벌로 그의 왼발을 잘랐다(王以和爲誑, 而刖其左足). '여왕'이 죽고 '무왕'이 즉위하자, '변화'는 또 그 옥돌을 '무왕'에게 바쳤다(及厲王薨, 武王卽位, 和又奉其璞而獻之武王). '무왕'도 옥장에게 감정하게 했다(武王使玉人相之). 옥장이 또 말했다. "돌입니다(石也)." '무왕' 역시 '변화'가 속인다고 생각하여, 형벌로 그의 오른발마저 잘라버렸다(王又以和爲誑, 而刖其右足). '무왕'이 죽고 '문왕'이 즉위했다(武王薨, 文王卽位). '변화'는 그 옥돌을 품고 '형산(荊山)'의 기슭에서 소리 내어 울었다(和乃抱其璞而哭於楚山之下). 3일 밤낮을 울자 눈물이 마르고 눈에서 피가 나왔다(三日三夜, 泣盡而繼之以血). '문왕'은 이 말을 듣고 사람을 보내 그 이유를 물었다(王聞之, 使人問其故). "세상에는 형벌로 발이 잘린 자가 많은데 왜

유독 그대만이 그렇게 슬피 우는가?(天下之刖者多矣, 子奚哭之悲也)" '변화'가 답했다. "저는 형벌 때문에 슬픈 것이 아니라, 제 옥을 돌이라고 하는 것이 슬프고(吾非悲刖也, 悲夫寶玉而題之以石), 지조가 있는 선비를 두고 거짓말쟁이라고 하는데 이것이 바로 제가 슬픈 이유입니다(貞士而名之以誑, 此吾所以悲也)." 이 말을 듣고 '문왕'은 즉시 옥장을 보내 그 옥돌을 다듬게 하여, 그 속에서 진귀한 '옥(玉)'을 찾아냈다. (王乃使玉人理其璞而得寶焉). 이리하여 마침내 이 옥은 "화씨지벽(和氏之璧)"이라는 이름으로 불리게 됐다.

요즘 국무총리 인선에 대해서 말이 많다. 아니 매번 인선 때마다 말이 많았다. 과연 여야와 국민이 모두 만족할 수 있는 인선(人選)인지. 어쨌든 누구든 완벽(完璧)하기 어렵다. 다만 국정을 잘 수행할 수 있는 인선이기를 굳게 믿고 싶다. 과연 우리시대에도 '화씨'와 같이 몇 번이고 죽음을 무릅쓰고 '보배'를 바칠 사람이 있을까.

2014.06.13